- DIPLOMICA -
BAND 4

Herausgegeben von Björn Bedey

Die Finanz- und Wirtschaftspolitik des US-Präsidenten William Jefferson Clinton 1993-2001

von

Ludovic Roy

Tectum Verlag
Marburg 2003

Die Reihe *diplomica* ist entstanden aus einer Zusammenarbeit der
Diplomarbeitenagentur *diplom.de* und dem *Tectum Verlag*.
Herausgegeben wird die Reihe von Björn Bedey.

Roy, Ludovic:
Die Finanz- und Wirtschaftspolitik des US-Präsidenten
William Jefferson Clinton 1993-2001
diplomica, Band 4
/ von Ludovic Roy
- Marburg : Tectum Verlag, 2003
ISBN 978-3-8288-8551-6

Tectum Verlag
Marburg 2003

Vorwort

Der vorliegende Text ist eine aktualisierte Fassung meiner Staatsexamensarbeit aus dem Jahre 2000. Meine Beweggründe, noch während Präsident Bill Clintons Amtszeit über dessen Finanz- und Wirtschaftspolitik zu schreiben, resultiert weniger aus meinem zuvor wenig entwickelten Interesse an Budget- und Haushaltsfragen, als vielmehr aus meiner Begeisterung für die US-amerikanische Geschichte und speziell für die amerikanische Präsidentschaft. Mein Ziel war, über ein Thema zu schreiben, dem sich bisher nur wenige gewidmet hatten und das in nächster Zukunft wohl das Interesse vieler Menschen wecken wird.

Bereits als Jugendlicher hat mich die Persönlichkeit und Politik des bis dahin drittjüngsten US-Präsidenten fasziniert, der als erster „Baby Boomer" das Weiße Haus eroberte und den Generationenwechsel an der Spitze der einzig verbliebenen Supermacht der Welt einläutete. Sein Amtsantritt geschah in einer Zeit innenpolitischer Probleme. Die Arbeitslosigkeit näherte sich 7%, das Haushaltsdefizit hatte ungeahnte Höhen erreicht, Kriminaltität und Gewalt nahmen zu. Die im Ausland respektierte Regierung Bush hatte den Wandel der Zeit zu spät erkannt, so daß es ihr nicht gelang, den Menschen in einer gewandelten Welt Mut und Zuversicht zu vermitteln.

Im Wahlkmapf 1992 hatte Bill Clinton für den Fall seiner Wahl versprochen *to focus like a laser on the economy*. Diese Versprechen hat er trotz manch schwieriger Zeiten und politischer Opfer in den acht Jahren im Weißen Haus eingelöst. Unter seiner Präsidentschaft kam es zu einer der längsten Wachstumsperioden der US-Geschichte. Er paßte die Rahmenbedinugen für die amerikanische Wirtschaft an die gewandelte Weltwirtschaft und die Globalisierung an. Vor allem wegen der Prosperität und relativen Stabilität wird seine Amtszeit in Erinnerung bleiben.

Dieses Buch ist meinen Eltern gewidmet, die mich stets bei allem, was ich unternommen und entschieden habe, unterstützt und ermuntert haben.

Inhaltsverzeichnis

Einleitung

Über die Finanz- und Wirtschaftspolitik von William Jefferson „Bill"
Clinton zu schreiben ist nicht nur aufgrund des Themas eine hoch interes-
sante Aufgabe, sondern auch eine Herausforderung, da es sich um ein zeit-
geschichtliches Thema handelt. Mein diesbezüglicher Entschluß resultiert
aus meiner persönlichen Meinung, daß Präsident Clinton v.a. als Finanz-
und Wirtschaftspolitiker der Nachwelt in Erinnerung bleiben wird. Mit dieser Arbeit wollte ich hierzu einen ersten Beitrag leisten.

Da Bill Clinton bei der Erstellung dieser Arbeit noch im Amt war, sind
Werke über seine Finanz- und Wirtschaftspolitik bzw. über seine gesamte
Präsidentschaft spärlich. Vielmehr muß man einerseits auf Veröffentlichungen zurückgreifen, die ein bestimmtes Gebiet oder eine bestimmte
Zeitspanne der Clinton-Administration behandeln und teilweise von amerikanischen Journalisten verfaßt wurden. Dies ist beispielsweise für die Bü-
cher von Elizabeth Drew oder Bob Woodward der Fall. Die erste Amtszeit
Bill Clintons wird in Drews beiden Werken fast vollständig beschrieben,
wobei sowohl die Innen- und Wirtschaftspolitik als auch die Außenpolitik
behandelt werden. Für diese Arbeit waren jedoch nur die auf die Haushalts-
und Wirtschaftspolitik bezogenen Kapitel von Bedeutung, die komprimiert
und verständlich die wichtigsten und relevanten Fakten zusammenfassen.
Die Veröffentlichung von Bob Woodward, der den Lesern bereits durch
sein Mitwirken bei der Aufdeckung des Watergate-Skandals bekannt ist,
hat einen journalistischeren Stil als Drew und wurde deshalb ergänzend
hinzugezogen. Für das erste Kapitel und die erste Amtszeit Bill Clintons
diente schließlich Wolfgang Klages' sehr informatives Buch als Leitfaden.

Während über die erste Amtszeit Präsident Clintons – auch über die oben
erwähnten Werke hinaus – bereits Literatur veröffentlicht wurde, mußte
andererseits für die zweite Amtszeit gänzlich auf Quellen, wie Zeitungen
oder das neue Medium Internet, zurückgegriffen werden. Seit Amtsantritt
des Präsidenten im Jahre 1993 habe ich in teilweiser mühevoller Arbeit
Zeitungsartikel und andere Veröffentlichungen über Bill Clinton gesam-

melt. Anhand des auf diese Weise vorliegenden Materials konnte die Haushalts- und Wirtschaftspolitik seit 1993 abgestützt und die seit 1997 verfolgte Politik nachgezeichnet werden. Als zweite Stütze diente mir das Internet, das sich unter Bill Clintons Amtszeit zu einem weltweiten Kommunikationssystem entwickelt hat. Die „Web-Seiten" des Weißen Hauses, des Kongresses und der großen amerikanischen Tageszeitungen waren für den Stand von Haushaltsverhandlungen, für Stellungnahmen, Reden, Gesetzesvorlagen, Institutionen, Personen und Statistiken unerläßlich. Besonders das Weiße Haus gab sich Mühe, Interessierte über seine Politik zu informieren, wobei hier natürlich die Position der Regierung im Vordergrund stand. Doch gerade der Umgang mit diesen Primärquellen hat den Reiz beim Verfassen dieser Arbeit ausgemacht.

Die vorliegende Arbeit befaßt sich mit beiden Amtszeiten Präsident Clintons unter dem Gesichtspunkt der von seiner Regierung verfolgten Finanz- und Wirtschaftspolitik. Der Schwerpunkt liegt dabei auf der Haushaltspolitik, die die Voraussetzungen für den erstaunlichen wirtschaftlichen Aufschwung der Vereinigten Staaten von Amerika seit 1993/94 geschaffen hat. Natürlich spielt der Kongreß, dem die Haushaltsgesetzgebung unterliegt, dabei auch eine wichtige Rolle. Die Konflikte zwischen Exekutive und Legislative um den richtigen haushalts- und wirtschaftspolitischen Kurs werden im folgenden ebenso geschildert, wie die Prioritäten, die der Präsident in der Finanz- und Wirtschaftspolitik setzte. Um das Verständnis des Lesers für die unter Bill Clinton ergriffenen Maßnahmen zur Reduzierung des Haushaltsdefizits, die erheblich zur wirtschaftlichen Blüte der USA beigetragen haben, zu schärfen, wird auf den ersten Seiten die Finanz- und Wirtschaftspolitik der Regierungen von Ronald W. Reagan und George H. W. Bush behandelt, nach deren „Erbe" Bill Clinton seine Politik orientieren mußte.

In der gesamten Arbeit werden des öfteren Reden und Verlautbarungen des Präsidenten bzw. von Regierungsvertretern sowie Regierungsdokumente zitiert. Wenn diese Zitate auf Englisch vorlagen, wurden sie im Originalwortlaut widergegeben, um den ursprünglichen Quellencharakter zu erhalten. In diesem Zusammenhang nehmen die öffentlichen Reden des Präsidenten eine zentrale Stellung ein, hauptsächlich die acht Reden zur Lage der Nation (State of the Union Addresses), die den eingeschlagenen Weg nachzeichnen. Reden sind das politische Testament eines Politikers, in denen er seine Meinungen und Ideale kundtut.

In dem Wissen, mit dieser Arbeit in gewisser Weise historisches Neuland betreten zu haben, bin ich für eventuelle Fehler und Fehleinschätzungen gänzlich verantwortlich.

I. Die Finanz- und Wirtschaftspolitik der Administrationen Reagan und Bush

Um die Finanz- und Wirtschaftspolitik des der Demokratischen Partei angehörenden Präsidenten William J. „Bill" Clinton zu verstehen und nachvollziehen zu können, ist es notwendig, auf die Finanz- und Wirtschaftspolitik der vorangehenden republikanischen Administrationen von Ronald W. Reagan (1981-1989) und George H. W. Bush (1989-1993) einzugehen, denn Bill Clinton erbte die Ergebnisse ihrer Politik im Bereich der Haushalts- bzw. Finanzpolitik. Somit ist die Zeit von 1981 bis 1993 nicht von der Zeit nach 1993 zu trennen.

1. *Die Finanz- und Wirtschaftspoltik unter Ronald W. Reagan (1981-1989)*

Ronald Reagan, der als konservativer Republikaner gilt, gewann im November 1980 die US-Präsidentschaftswahlen gegen den demokratischen Amtsinhaber Jimmy Carter. Der Wahlsieg der Republikaner, die auch im Senat eine Mehrheit erringen konnten, hatte vielerlei Gründe.

Die Vereinigten Staaten waren 1980 nicht nur außenpolitisch durch die sich monatelang hinziehende Besetzung ihrer Botschaft in der iranischen Hauptstadt Teheran geschwächt, sondern auch die wirtschaftliche Situation hatte sich verschlechtert. Dies hing v.a. mit dem zweiten Ölschock der Jahre 1979/80 zusammen, der durch den Sturz des Schah im Iran und durch die dortige Gründung der Islamischen Republik, die seit 1980 mit dem Irak einen Krieg führte, ausgelöst worden war. Die USA mußten 1980 mit einer zweistelligen Inflationsrate und mit einer Rezession kämpfen. Präsident Carter konnte in der Öffentlichkeit nicht mehr den Eindruck vermitteln, die Situation unter Kontrolle zu haben.

Im Wahlkampf von 1980 versprach der republikanische Kandidat Reagan im Falle seiner Wahl nicht nur eine Stärkung der außenpolitischen Position seines Landes, sondern auch eine spürbare Verbesserung der wirtschaftlichen Situation. Sein Wirtschaftsprogramm sollte schon bald seinen Namen tragen: „Reaganomics".

In einer Rede, die der spätere Chef der Deutschen Bank, Alfred Herrhausen, 1982 über die „Reaganomics" hielt, bezeichnete er diese als *„eine neue, oder eigentlich eine Wiederbelebung der alten klassischen Wirtschaftsphilosophie"*[1]. Die Wirtschaftsphilosophie Reagans orientierte sich vorwiegend am Monetarismus, der für einen Rückzug des Staates aus der Wirtschaft plädiert und die private Initiative stärken will.[2] Reagan verfolgte also auf der einen Seite eine Steuerpolitik, die die Wirtschaft entlasten sollte, und auf der anderen Seite eine Poltik, die die Ausgaben – hier im besonderen bei der Verteidigung – erhöhen sollte.

Seine wirtschaftlichen Vorstellungen und Ziele faßte der Präsident wenige Wochen nach seiner Vereidigung am 20. Januar 1981 in seinem Wirtschaftsprogramm „America's New Beginning: A Program for Economic Recovery" (18. Februar 1981)[3] zusammen. Dieses Programm sah vor, die Gesamtausgaben des Bundes, besonders die Sozialausgaben, drastisch zu kürzen, den Verteidigungshaushalt zu erhöhen und die Steuern zu senken[4]. 1981 wurde demzufolge auch beschlossen, innerhalb von drei Jahren die Steuersätze um 23% zu senken, den Spitzensteuersatz von 70% auf 50% zu senken und den Unternehmen Steuererleichterungen zu gewähren. Schließlich sollte der Staatshaushalt bis 1984 ausgeglichen sein[5].

Den „Reaganomics" lag das Konzept der sogenannten „Laffer-Kurve" zugrunde, das davon ausgeht, daß zu hohe Steuerbelastungen zu Mindereinnahmen des Staates führen, da zu hohe Abgaben das Wirtschaftsleben lähmten. Deshalb sei es angebracht, die Steuern zu senken und somit In-

---

[1] Weidemann, S.138.

[2] Adams/Lösche, S.521.

[3] Klages, S.114.

[4] ebd.

[5] Adams/Czempiel/Ostendorf/Shell/Spahn/Möller, S.656.

12

vestitions- und Wachstumsanreize zu schaffen, die als Konsequenz wieder zu höheren Steuereinnahmen führen würden[6]. Dieses Konzept wird auch als „Supply-Side-Theorie" bezeichnet[7].

Der Präsident wollte also der Wirtschaft durch die Senkung von Steuern entgegenkommen und er erhoffte sich nach der Wiederbelebung der Wirtschaft höhere Steuereinnahmen. Die US-Notenbank – die sogenannte FED (Federal Reserve Bank) – verfolgte aber ihre bisherige Hochzinspolitik weiter, um der hohen Inflation entgegenzuwirken. Dadurch verschärfte sich aber die Rezession, und Reagans Steuererleichterungen konnten beispielsweise den Bankrott kleiner und mittlerer Betriebe, die angesichts der hohen Zinsen weder investieren noch ihre Schulden begleichen konnten, nicht aufhalten. Der Wegfall dieser Betriebe verschärfte auch die Situation der Großbetriebe, besonders der Automobil- und Bauindustrie.[8] Die Arbeitslosigkeit stieg; 1982 befand sich die Arbeitslosenquote bei 9,7% und 1983 bei 9,6%. Die Reagan-Administration hatte noch 1982 mit einer Quote von 7,2% und 1983 mit einer Quote von 6,6% gerechnet[9].

Daß Wirtschaftsankurbelung und Inflationsbekämpfung nicht gleichzeitig bewerkstelligt werden konnten, wurde schon frühzeitig erkannt. 1982 sagte Alfred Herrhausen:

„Inflationsbekämpfung erzwingt... eine kontraktive Geldpolitik mit hohen Zinsen, die ihrerseits dazu führt, daß die mit den Steuersenkungen angepeilte Reaktivierung der Wirtschaft zunächst nicht eintritt und damit auch die Budgetdefizite nicht so schnell abgebaut werden können, wie das in Aussicht genommen war."[10]

Die Reaganschen Maßnahmen – Steuersenkungen im Rahmen von 750 Milliarden Dollar, die durch Sparmaßnahmen im sozialen Bereich ermög-

---

[6] Klages, S. 115.

[7] Ahrens, S.174.

[8] Ahrens, S.178f.

[9] Klages, S.135.

[10] Weidemann, S.146.

13

licht werden sollten, aber auch die Mehrausgaben durch die Aufstockung des Verteidigungshaushaltes[11] – führten zu einer größer werdenden Lücke im Staatshaushalt, denn die Ausgaben des Staates übertrafen in immer höherem Maße die sinkenden Einnahmen. Verschärft wurde diese Situation jedoch durch die Rezession, die dem Staat sowohl neue Mindereinnahmen, als auch neue Mehrausgaben für soziale Bereiche brachte. Somit rückte die Bundeshaushaltskonsolidierung in weite Ferne und das Haushaltsdefizit begann zu steigen, von 4,1% (1982) auf 6,2% (1983), 1984 sank es auf 5,0% und stieg 1985 aber wieder auf 5,2%[12]. 1986 erreichte es mit 221 Milliarden Dollar seinen Höchststand[13] ging aber in den Folgejahren angesichts der nun wieder günstigen wirtschaftlichen Lage langsam zurück.

Doch auch in dieser schwierigen Haushaltssituation hielt die Reagan-Administration an ihrem Aufrüstungsprogramm fest, das eindeutig außenpolitische Signalwirkung hatte. Im Wahlkampfjahr 1984 forderte der Präsident für die beiden folgenden Jahre einen jeweiligen Anstieg der Rüstungsausgaben um 8%[14]. In Wirklichkeit stieg der Verteidigungshaushalt von 1986 bis 1989 gemessen am Bruttosozialprodukt nicht mehr; im Gegenteil konnte eine Senkung der Verteidigungsausgaben verzeichnet werden[15].

Dem weiterhin hohen Haushaltsdefizit wollte man aber nicht durch Steuererhöhungen entgegenwirken, stattdessen kürzte man die nichtmilitärischen Ausgaben. Diese verringerten sich von 1981 bis 1987 von 5,7% des Bruttoinlandsproduktes auf 3,7%[16]. Man zog zwar Steuervergünstigungen für Unternehmen wieder zurück, die Erhöhung der allgemeinen Einkommenssteuer aber, die 1981 gesenkt worden war und die die wichtigste Einnah-

---

[11] Heideking, S.456.

[12] Klages, S.113 und S.135.

[13] Heideking, S.457.

[14] Klages, S.137.

[15] Klages, S.143.

[16] Klages, S.139.

mequelle des amerikanischen Staates darstellt, wollte man nicht vornehmen.

Obwohl sich die allgemeine wirtschaftliche Situation ab 1984 verbesserte und die Arbeitslosigkeit auch wieder zu sinken begann, blieb das Haushaltsdefizit hoch. Um dem entgegenzuwirken, wurde 1985 der „Graham-Rudman-Hollings-Act" verabschiedet, der ein erster Schritt in Richtung Haushaltskonsolidierung sein sollte. Das Gesetz setzte für den Haushalt Defizitziele fest, bei deren Überschreitung ein automatischer Kürzungsmechanismus greifen sollte. Trotz seiner Revision im Jahre 1987 erreichte das Gesetz sein Ziel nicht[17].

Ronald Reagan ging 1989 mit dem Ruf aus dem Amt, nicht nur die außenpolitische Stellung der USA gestärkt, sondern den Amerikanern auch eine Zeit der wirtschaftlichen Prosperität verschafft zu haben. Dieses Bild wird natürlich durch die hohe Staatsverschuldung und durch das hohe Haushaltsdefizit, das Reagan seinen Nachfolgern hinterließ, getrübt. Für Reagan als konservativem Republikaner hatte aber die Verteidigungs- und Steuerpolitik Priorität vor der Haushaltskonsolidierung[18].

2. *Die Finanz- und Wirtschaftspolitik unter George H. W. Bush (1989-1993)*

George H. W. Bush, von 1981 bis 1989 Vize-Präsident Ronald Reagans, hatte im republikanischen Vorwahlkampf von 1980 Reagans wirtschaftliche Vorstellungen als „Voodoo Economics"[19] bezeichnet; während seiner Zeit als Vize-Präsident und als republikanischer Präsidentschaftskandidat im Jahre 1988 stellte er sich jedoch als Verteidiger der Reagan-Ära dar und sprach sich gegen Steuererhöhungen („Read my lips – no new taxes!") aber

---

[17] Adams/Lösche, S.587.

[18] s. Klages S.141ff.

[19] Klages S. 144.

für eine Sanierung des Staatshaushaltes aus. Aus diesem Grunde orientierte sich Präsident Bushs erster Budgetplan an den „Reaganomics": Steuererhöhungen waren nicht vorgesehen, vielmehr sollte die *capital gains tax*, die Steuer, die auf realisierte Vermögenszuwächse erhoben wird, von 28% auf 15% gesenkt werden[20]. Doch angesichts der Haushaltslage lehnte der von der Demokratischen Partei beherrschte Kongreß die Senkung der *capital gains tax* ab. Bush konnte zwar Steuererhöhungen verhindern, stimmte aber dem Plan zu, den Verteidigungsetat um real 1% zu kürzen[21].

Das Budget für 1989/90 schien vorerst die Defizitauflagen des „Graham-Rudman-Hollings"-Gesetzes, die mit 100 Milliarden Dollar angesetzt waren, zu erfüllen. Es wurde aber relativ rasch absehbar, daß dieser Grenzwert trotz automatischem Kürzungsmechanismus' um ein vielfaches überschritten werden würde. Tatsächlich sollte das Defizit des Haushaltjahres 1989/90 220 Milliarden Dollar betragen[22].

Dies lag v.a. an der Sanierung des amerikanischen Sparkassenwesens[23], die ein erhebliches finanzielles Eingreifen des Bundes nötig machte, und an der durch das relativ niedrige Steuereinkommen bedingten Mittelknappheit des Bundes, die von der ab dem 4. Quartal 1989 nachlassenden Konjunktur verstärkt wurde. Der Präsident reagierte auf diese kritische Haushaltssituation mit Sparvorschlägen im Bereich der Pflichtausgaben (entitlements), d.h. hauptsächlich beim Medicare- und Medicaid-Programm und bei den Agrarsubventionen. Diese Sparvorschläge reichten jedoch nicht aus, das geschätzte Haushaltsdefizit für 1990/91 von 161 Milliarden Dollar zu unterschreiten, denn ohne eine drastische Senkung des Defizits würde das „Graham-Rudman-Hollings"-Gesetz erhebliche Kürzungen im Haushalt 1990/91 vornehmen, die die USA außen- und innenpolitisch lähmen wür-

---

[20] Klages, S.146.
[21] Klages, S.147.
[22] Klages, S.151.
[23] s. Klages, S.148f.

den[24]. Diese Situation machte einen Kurswechsel in der Finanzpolitik nötig und führte zum Budgetkompromiß von 1990.

Der „Omnibus Budget Reconciliation Act of 1990"[25] war ein Kompromißhaushalt zwischen dem republikanischen Präsidenten George Bush und der demokratischen Kongreßmehrheit in Senat und Repräsentantenhaus, der eine Reduzierung des Defizits einleiten sollte. Die Einigung sah u.a. vor, das Haushaltsdefizit im Zeitraum von 1991 bis 1995 um 500 Milliarden Dollar zu kürzen, wobei dies zu einem Drittel durch Steuererhöhungen und zu zwei Dritteln durch Sparmaßnahmen erreicht werden sollte[26]. Beispielsweise sollte der Haushalt des Pentagon (Verteidigungsministerium) 1991 um 8%, 1992 um 11% und 1993 um 14% gekürzt werden[27]. Die Steuererhöhungen, die von den republikanischen Vertretern im Kongreß abgelehnt wurden und die George Bush zwangen, ein 1988 gegebenes Wahlkampfversprechen aufzugeben, sahen einen einheitlichen Spitzensteuersatz von 31% vor; außerdem wurden die Steuern auf Treibstoff, Tabak und Alkohol erhöht. Schließlich einigte man sich darauf, Abschreibemöglichkeiten abzuschaffen[28].

Doch der Sparhaushalt von 1990 konnte nur bedingt oder gar nicht umgesetzt werden, da die US-Konjunktur ab 1991 in eine Rezession geriet und sogar ein Wirtschaftsrückgang zu verzeichnen war. Die Arbeitslosigkeit begann wieder zu steigen und damit auch die Sozialzuwendungen des Staates an die Bürger; der Staat mußte aufgrund einer Verschlechterung des Wirtschaftsklimas auf Einnahmen verzichten. Die Konsequenz war, daß das Haushaltsdefizit ab 1990/91 nicht abnahm, sondern vielmehr anstieg. Präsident George Bush war 1990 angesichts der prekären Haushaltslage

---

[24] Klages, S.152f.

[25] Klages, S.156.

[26] ebd.

[27] Klages, S. 159.

[28] Klages, S. 160.

den schwierigen Schritt eines Kompromisses mit dem demokratischen Kongreß eingegangen, der ihm aber wegen der folgenden Rezession nicht die erhofften politischen (Wahl-)Erfolge brachte. Im Gegenteil ging der Präsident innen- und wirtschaftspolitisch geschwächt in den Präsidentschaftswahlkampf von 1992, da er seinen politischen Gegnern im Bereich der Wirtschaft genügend Angriffsflächen bot: die Demokraten konnten ihn angesichts der Rezession angreifen und innerparteiliche Gegner konnten oder wollten ihm die Steuererhöhungen von 1990 nicht verzeihen.

II. „It's the economy, stupid!"[29]: Der Wahlkampf 1992

Am 3. Oktober 1991 erklärte der demokratische Gouverneur von Arkansas, William J. „Bill" Clinton, seine Präsidentschaftskandidatur. Er tat dies mit den Worten:

„Das Land bewegt sich in der falschen Richtung, wir fallen zurück, verlieren die Orientierung, und alles, was aus Washington kommt, ist eine Status-quo-Paralyse. Keine Vision, kein Handeln, nur Vernachlässigung, Eigennutz und Zerwürfnis."[30]

Der Kandidat begann früh, die wirtschaftliche Situation der USA in den Vordergrund seiner Kampagne zu stellen. Am 20. November 1991 hielt Bill Clinton eine Rede an der Georgetown University, in der er eine Steuersenkung für die amerikanische Mittelklasse und eine Senkung des Defizits versprach[31]. Die Defizitreduzierung war jedoch nicht von Anfang an das wichtigste Thema in seinen Wahlkampfreden; vielmehr behandelte er die Themen Wirtschaftswachstum, Beschäftigung, Investitionen und Bildung[32]. Diese Tatsache wird belegt durch Bill Clintons „Plan for America's Future", der im Januar 1992 veröffentlicht wurde und u.a. nur eine Steuerentlastung der Mittelklasse und ein Investitionsprogramm vorsah[33]. Auch die anderen Kandidaten stellten das hohe Defizit nicht in den Mittelpunkt ihrer Wahlprogramme, bis der texanische Milliardär Ross Perot seine unabhängige Kandidatur für das Präsidentenamt bekanntgab. Ross Perot beschuldigte sowohl die Republikanische als auch die Demokratische Partei, nichts gegen das wachsende Budgetdefizit unternommen zu haben, und zwang somit die Kandidaten der beiden großen Parteien, konkrete Vorschläge zur

---

[29] *„It's the economy, stupid!"* war der Wahlkampfslogan von Clintons Wirtschaftsberatern.

[30] Aigner, S.94.

[31] Woodward, S. 17.

[32] Klages, S. 170.

[33] Woodward, S. 18.

Sanierung des Bundeshaushaltes zu machen[34]. Obwohl Ross Perot von Juli bis September 1992 aus dem Wahlkampf ausschied, hatte er doch in der Vorwahlzeit sein Thema in die Öffentlichkeit gebracht.

Im Juli 1992 wurde Bill Clinton zum Präsidentschaftskandidaten und Senator Albert Gore Jr. zum Vize-Präsidentschaftskandidaten der Demokratischen Partei nominiert. Somit konnte Bill Clinton seine wirtschaftlichen Vorstellungen eines „New Democrat" den Ergebnissen der von George Bush verfolgten Wirtschaftspolitik direkt entgegenstellen. In seiner Rede vor dem demokratischen Nationalkonvent sagte er am 16. Juli 1992:

„Unser Land gerät ins Hintertreffen. Unser Präsident ist in einer überkommenen Wirtschaftstheorie gefangen. Seit der Amtszeit von Reagan und Bush sind wir bei den Löhnen weltweit vom ersten auf den dreizehnten Platz gefallen...

Wie lautet die Vision unseres Neuen Bundes? Ein Amerika mit Millionen neuer Arbeitskräfte in Dutzenden neuer Industrien... Ein Amerika, das Unternehmern und Geschäftsleuten sagt: 'Wir werden Euch mehr Anreize und mehr Chancen als je zuvor zur Entwicklung der Fähigkeiten Eurer Arbeitnehmer bieten und um die amerikanischen Arbeitsplätze und den amerikanischen Wohlstand in der neuen Weltwirtschaft zu schaffen. '"[35]

Im Wahlprogramm der Demokraten stand unter dem Thema „Investieren in Amerika":

„Der einzige Weg, um den Grundstein für einen neuerlichen Wohlstand in Amerika zu legen, besteht in der Förderung sowohl öffentlicher wie privater Investitionen. Wir müssen das Haushaltsdefizit beheben und die Investitionslücken schließen."[36]

Nach dem Wahlparteitag der Republikaner im August 1992, auf dem Präsident Bush und Vize-Präsident Dan Quayle für eine zweite Amtszeit nominiert wurden, fing der richtige Wahlkampf an, der auf seiten der Demokraten unter dem Stichwort „change" geführt wurde. Somit reagierte man auf

---

[34] Woodward, S. 31.

[35] Aigner, S. 114f.

[36] Aigner, S. 120.

eine Stimmung in der Bevölkerung, die mehrheitlich einen Wechsel im Präsidentenamt wünschte. Zwar dachte eine Mehrheit der Wähler, daß sich ihre wirtschaftliche Situation nicht verschlechtert hätte, doch an die 80% hielten die allgemeine wirtschaftliche Situation für schlecht[37].

Im September 1992, zwei Monate vor der Wahl, veröffentlichte Bill Clinton sein Regierungsprogramm, das im Falle seiner Wahl umgesetzt werden sollte. Dieses Programm trug den Namen „Putting People First". Zu Beginn von „Putting People First" stand:

„Unsere nationale Wirtschaftsstrategie stellt den Menschen an die erste Stelle, indem wir in den nächsten vier Jahren über 50 Milliarden Dollar jährlich dafür investieren, Amerika wieder zu Arbeit zu verhelfen – das dramatischste Programm für Wirtschaftswachstum seit dem Zweiten Weltkrieg... Damit wir wieder eine Zukunft haben können, müssen wir beide Lücken schließen: das Haushaltsdefizit und die Investitionslücke. Diese Investitionen werden Millionen gutbezahlter Arbeitsplätze schaffen."[38]

„Putting People First" behandelte aber auch konkret das Problem des hohen und ständig wachsenden Budgetdefizites. Im Juni 1992 hatte Bill Clinton, der sich die Präsidentschaftsnominierung bereits gesichert hatte, das Versprechen gegeben, das Defizit innerhalb von vier Jahren um die Hälfte zu kürzen. Im Juni rechnete man für die kommenden vier Jahre noch mit einem Fehlbetrag von 193 Milliarden Dollar, aber bereits einen Monat später lag die Schätzung bei 257 Milliarden Dollar[39]. „Putting People First" von September 1992 orientierte sich aber an den Zahlen von Juni, konnte also angesichts des monatlich steigenden Defizits nicht ernsthaft für umsetzungsfähig gelten. Diese Tatsache entging den meisten Wählern und nach der Wahl mußte President-elect Clinton sein gesamtes Finanzierungskonzept wegen der nun viel höheren Defizitschätzungen – im Januar 1993 lagen diese für die vier kommenden Jahren bei 318 Milliarden Dollar[40] –

---

[37] Campbell/Rockman, S. 190.

[38] Reich, S. 51.

[39] Drew (1995), S. 59.

[40] Drew (1995), S. 59.

überdenken. Die Reduzierung des Defizites wollte der demokratische Kandidat v.a. durch Kostensenkungen im Gesundheitswesen und durch sein Investitionsprogramm erreichen, das die Wirtschaft ankurbeln und somit steigende Staatseinnahmen bringen sollte[41].

Bill Clinton gewann die Wahl am 3. November 1992 mit 370 Wahlmännern gegen 168 Wahlmänner für Präsident Bush. Ross Perot konnte keine Wahlmänner für sich gewinnen, erreichte aber mit 19% der abgegebenen Stimmen einen Achtungserfolg. Bill Clinton erhielt 43,2% und George Bush 37,7% der abgegebenen Stimmen[42]. Bill Clinton war also ein „minority president" und konnte für sich nicht in Anspruch nehmen, ein klares Wählermandat für eine bestimmte Wirtschaftspolitik zu besitzen, besonders da die Wirtschaft im letzten Quartal 1992 wieder an Schwung gewann[43].

---

[41] Klages, S. 171.

[42] Sautter, S. 419.

[43] s. Campbell/Rockman, S. 19.

III. Die Aufstellung des Wirtschaftsteams und die Ausarbeitung einer Finanz- und Wirtschaftspolitik

Die „transition period", also die Zeit zwischen der Wahl eines Präsidenten im November und seiner Amtsübernahme am 20. Januar des folgenden Jahres, nutzt der gewählte Präsident, um auf der einen Seite sein Kabinett und die höheren Staatsbeamten auszuwählen und auf der anderen Seite ein politisches Konzept für seine Regierungszeit auszuarbeiten.

1. Das Wirtschaftsteam

Da Bill Clinton im Wahlkampf versprochen hatte „to focus like a laser on the economy"[44], ernannte er als erstes sein Wirtschaftsteam; erst später folgten die Ernennungen im außen- und sicherheitspolitischen Bereich.

Am 10. Dezember 1992 gab der President-elect – neben den anderen Mitgliedern des Wirtschaftsteams – seinen zukünftigen Secretary of the Treasury (Finanzminister) bekannt: Senator Lloyd Bentsen[45]. Lloyd Bentsen konnte auf eine erfolgreiche Politikerkarriere zurückblicken. Von 1949 bis 1955 saß der Texaner im US-Repräsentantenhaus und zog sich dann bis 1970 aus der Politik zurück. 1970 kandidierte er für einen US-Senatsposten und gewann die Wahl gegen seinen republikanischen Gegenkandidaten George H. W. Bush. Bentsen blieb bis 1993 im Senat. 1987 hatte er den Vorsitz im Senate Finance Committee (Finanzausschuß des Senats) übernommen und diente auch im Senate Commerce, Science and Transportation Committee (Handels-, Wissenschafts- und Verkehrsausschuß des Senats). Im Jahre 1988 war er der demokratische Vize-Präsidentschaftskandidat gewesen[46].

---

[44] Campbell/Rockman, S. 23.
[45] Campbell/Rockman, S. 24.
[46] http://www.ustreas.gov/opc/opc0029.html

Die Wahl für den Posten des Finanzministers fiel auf Lloyd Bentsen, da er zum einen als Experte in Finanz- und Wirtschaftsfragen galt und weil er zum anderen gute Beziehungen zum Kongreß unterhielt und seine Parlamentserfahrungen in die neue Administration einbringen sollte[47]. Lloyd Bentsen sollte nur knapp zwei Jahre Finanzminister bleiben. Am 22. Dezember 1994 trat er von seinem Amt zurück, das anschließend Robert E. Rubin übernahm.

Als *Secretary of Labor* (Arbeitsminister) nominierte Bill Clinton am 11. Dezember 1992 den Harvard-Professor Robert Reich, der schon am Programm „Putting People First" mitgearbeitet hatte[48]. Reich hatte mit seinem neuesten Buch „The Work of Nations" nicht nur in der Fachwelt Aufsehen erregt, sondern auch den Kandidaten Clinton beeindruckt[49]. In seinem Werk forderte Robert Reich vom Staat, in seine wichtigsten Ressourcen, nämlich in das Erziehungswesen und in die Arbeitsförderung, zu investieren, d.h. nicht nur gute Ausbildungszentren für alle gesellschaftlichen Schichten bereitzustellen, um bessere Arbeitsplätze zu schaffen, sondern auch ein Infrastrukturprogramm zu initiieren, das den Bau von Straßen, Brücken und anderen Transportwegen fördern bzw. finanzieren sollte[50].

In seinem Buch „Goodbye, Mr. President", werden Reichs Vorstellungen deutlich:

„Die Antwort [auf den technologischen Fortschritt] heißt in erster Linie Verbesserung von Erziehung und Bildung und beruflicher Qualifikation. Der andere Teil der Antwort liegt in einer Erneuerung des Sozialpakts zwischen den Unternehmen und ihren Mitarbeitern. Die Gewinnbeteiligung fördern. Die Gewerkschaften stärken... Ziel muß es also sein, das Defizit von rund fünf Prozent der Volkswirtschaft (wo es heute nach zwölf Jah-

---

[47] s. Woodward, S. 56f.

[48] Campbell/Rockman, S. 24.; s. auch Woodward, S. 54f.

[49] Woodward, S. 5.

[50] ebd.

ren Verschwendungssucht steht) auf etwa zweieinhalb Prozent zu senken (...) – und gleichzeitig die öffentlichen Investitionen zu steigern.[51]

Es wird aus diesem Zitat klar, daß Robert Reich eher zu den „liberalen" bzw. „linken" Wirtschaftsberatern des Präsidenten zählen würde.

Für das *Office of Management and Budget* (OMB), dem Haushaltsbüro des Präsidenten, wählte Bill Clinton Leon Panetta aus, ein respektierter demokratischer Repräsentant aus Kalifornien und Vorsitzender des *House Budget Committee* (Haushaltsausschuß des Repräsentantenhauses)[52]. Das OMB bereitet den Budgetvorschlag des Präsidenten vor und überwacht den Vollzug des Staatshaltes. Das Finanzministerium hingegen ist indirekt für die Wechselkurspolitik und zusammen mit der US-Notenbank (FED) für die Regulierung des Banken- und Börsenwesens zuständig. Außerdem steht die Erarbeitung des Steuersystems dem Finanzministerium zu und es vertritt die USA bei der Weltbank und beim Internationalen Währungsfond (IWF)[53].

Leon Panetta war also für die Erarbeitung von Präsident Clintons Wirtschaftsplan, der nach der Amtsübernahme erstellt und dem Kongreß zugeleitet werden sollte, unmittelbar zuständig. Ihm wurde als Stellvertreterin Alice Rivlin zur Seite gestellt, die frühere Vorsitzende des Haushaltsbüros des Kongresses (Congressional Budget Office: CBO)[54].

Den Posten des Vorsitzenden des *Council of Economic Advisers* (Wirtschaftliches Beratergremium) besetzte Bill Clinton mit Laura D'Andrea Tyson, Wirtschaftsprofessorin an der Berkeley-Universität in Kalifornien[55].

---

[51] Reich, S. 25.

[52] Drew (1995), S. 26.

[53] Adams/Czempiel/Ostendorf/Shell/Spahn/Zöller, S. 596

[54] Campbell/Rockman, S. 24.

[55] Drew (1995), S. 26.; Woodward, S. 73.

25

Das *Council of Economic Advisers* (CEA) und v.a. dessen Vorsitzender hat folgende Funktionen:

„*1. to assist and advise the President in the preparation of the Economic Report;*

2. to gather timely and authoritative information concerning economic developments and economic trends, both current and prospective, to analyze and interpret such information...;

3. to appraise the various programs and activities of the Federal Government;

4. to develop and recommend to the President national economic policies, to foster and promote free competitive enterprise, to avoid economic fluctuations or to diminish the effects thereof, and to maintain employment, production, and purchasing power;

5. to make and furnish such studies, reports thereon, and recommendations with respect to matters of Federal economic policy and legislation as the President may request."56

Das CEA berät in erster Linie den Präsidenten in wirtschaftlichen Fragen. Die verschiedenen Ministerien und Behörden können seine Dienste jedoch auch in Anspruch nehmen.

Im Wahlkampf 1992 versprach Bill Clinton einen dem *National Security Council* (Nationaler Sicherheitsrat) nachempfundenen *National Economic Council* (Nationaler Wirtschaftsrat) zu gründen, der die vom Präsidenten verfolgte Wirtschaftpolitik koordinieren sollte. Der Leiter des NEC sollte v.a. eine vermittelnde Funktion zwischen den verschiedenen, mit Wirtschaftspolitik befaßten Behörden einnehmen[57]. Dem NEC sollten 18 Mitglieder[58] angehören[59] und die „Executive Order 12835", die den *National*

---

[56] http://www.whitehouse.gov/WH/EOP/CEA/html/about.html

[57] Paulsen, S.84f.

[58] Präsident, Vize-Präsident, Außenminister, Finanzminister, Landwirtschaftsminister, Handels-/Wirtschaftsminister, Arbeitsminister, Wohnungsbauminister, Verkehrsminister, Energieminister, Vorsitzender der *Environmental Protection Agency*, Vorsitzender des *Council of Economic Advisers*, Direktor des OMB, US-Handelsbeauftragter, die Berater des Präsidenten für Wirtschaftspolitik, Innenpolitik, Sicherheitspolitik und Wissenschaftspolitik.

[59] s. Paulsen, S. 214.

Economic Council am 25. Januar 1993 einrichtete[60], legte auch seine Funktionen genau fest:

„(1) to coordinate the economic policy-making process with respect to domestic and international economic issues; (2) to coordinate economic policy advise to the President; (3) to ensure that economic policy decisions and programs are consistent with the President's stated goals, and to ensure that those goals are being effectively pursued; and (4) to monitor implementation of the President's economic policy agenda. "[61]

Als Vorsitzender des Nationalen Wirtschaftsrates ernannte Bill Clinton Robert E. Rubin, der in New York City Karriere in der berühmten Anwaltsfirma Goldman Sachs & Co. gemacht hatte und in Wirtschafts- und Börsenkreisen nicht nur bekannt, sondern auch geschätzt war[62]. Rubin, der auch den Titel eines „Assistant to the President for Economic Policy" trug, wurde im Januar 1995 Nachfolger Lloyd Bentsens als Finanzminister und erwarb sich in diesem Amt den Ruf, der erfolgreichste US-Finanzminister seit dem Zweiten Weltkrieg zu sein. Im Juli 1999 trat er von seinem Amt zurück[63]. Sein Nachfolger wurde der bisherige stellvertretende Finanzminister Lawrence H. Summers[64].

Die Einrichtung des NEC führte in den ersten Jahren der Clinton-Präsidentschaft zu einer Neuverteilung der Kompetenzen der einzelnen Wirtschaftsbehörden, wobei die Entscheidungsfindung im Weißen Haus gebündelt wurde und einzelne Ministerien und Behörden, wie das Arbeitsministerium oder das *Office of Management and Budget* aufgewertet wurden[65]. Das NEC wurde unter Bob Rubin eine Einrichtung, die die Entscheidungen in der Finanz- und Wirtschaftspolitik stark beeinflußte, eine Tatsa-

---

[60] Paulsen, S. 211.

[61] Paulsen, S. 212.

[62] http://www.ustreas.gov/opc/opc0025.html

[63] s. TIME-Magazine, May 24, 1999.

[64] s. Frankfurter Allgemeine Zeitung, 3. Juli 1999.

[65] s. Paulsen, S. 91.

che, die unter Rubins Nachfolgern Laura D'Andrea Tyson (1995-1997) und Gene Sperling (ab 1997) sichtbar abnahm[66].

2. Die Ausarbeitung einer Finanz- und Wirtschaftspolitik

Nach der Auswahl und Ernennung seines Wirtschaftsteams im Dezember 1992 mußte der gewählte Präsident die Finanz- und Wirtschaftspolitik, die er nach seiner Amtsübernahme in die Tat umsetzen wollte, ausarbeiten. Zu diesem Zweck rief Bill Clinton für den 14. und 15. Dezember 1992 einen Wirtschaftsgipfel in die Hauptstadt seines Staates Arkansas, Little Rock, ein. Diese Wirtschaftskonferenz, die von den Medien übertragen wurde, sollte die Lage der US-Wirtschaft analysieren, und Wirtschaftswissenschaftler, die Clinton politisch nahestanden, sollten mögliche Wege und Lösungen aus der prekären wirtschaftlichen Lage aufzeigen[67]. Ebenso nutzte der gewählte Präsident die Gelegenheit, sein Wissen und seinen Reformwillen vor laufenden Kameras unter Beweis zu stellen[68].

Auf dieser Konferenz wurde Clinton der Ernst der Haushaltslage dargelegt und er mußte erkennen, daß sein Wirtschaftsprogramm Opfer der wirtschaftlichen Situation werden würde, wenn er nicht einen Sanierungsplan für den Haushalt präsentieren konnte. Auf der Konferenz sagte er:

„I think we all understand the price we're going to pay if we continue with this deficit. I mean, I think everybody understands that if you just keep borrowing money to consume on an annual basis at the rate we've been doing it, with no necessary investment correlation you will continue to have low growth..."[69]

Auch im Kongreß wurden Forderungen laut, das Haushaltsdefizit unter Kontrolle zu bringen. Bereits am 15. November 1992 forderten der *Senate Majority Leader* George J. Mitchell, der *Speaker* (Präsident) des Reprä-

---

[66] Paulsen, S. 92.

[67] Campbell/Rockman, S. 23.

[68] Renshon, S. 186; Campbell/Rockman, S. 244.

[69] Zitiert nach Klages, S. 172.

sentantenhauses Thomas Foley und der *House Majority Leader* Richard A. „Dick" Gephardt bei einem Treffen mit Bill Clinton eine Rückführung des Budgetdefizites[70]. Auch Alan Greenspan, seit 1987 Chef der US-Notenbank[71], wollte den neuen Präsidenten dazu bringen, ein Sanierungsprogramm zu erstellen. Am 3. Dezember 1992 trafen beide Männer zu einem Gespräch zusammen, in dessen Verlauf Greenspan die Vorzüge eines raschen Defizitabbaus aufzeigte: der Markt würde seine Inflationsfurcht ablegen, die langfristigen Zinsen würden daraufhin sinken und eine neue Kaufkraft würde entstehen. Außerdem würde die Börsentätigkeit steigen und die Arbeitslosigkeit, die Ende 1992 bei einer Quote von 7,7%[72] lag, angesichts eines neuen Wirtschaftsbooms erheblich sinken[73]. Greenspan riet Clinton also, einen wirtschaftsfreundlichen Plan auszuarbeiten, der das Staatsdefizit erheblich senken würde[74].

Am 7. Januar 1993, knapp zwei Wochen vor der Amtseinführung, trafen sich Bill Clinton und seine Wirtschaftsberater, um das weitere Vorgehen zu besprechen. Die Prognosen für das Haushaltsdefizit waren alarmierend: im Januar 1993 betrug das Defizit 290 Milliarden Dollar[75]. Für 1997 wurde ein Defizit von 360 Milliarden Dollar und für das Jahr 2000 sogar von 500 Milliarden Dollar[76] vorhergesagt. Um dieses Defizit unter Kontrolle zu bringen, waren sowohl Ausgabenkürzungen als auch Steuererhöhungen vonnöten, Maßnahmen, die Clintons geplantes Investitionsprogramm und die im Wahlkampf versprochene Steuersenkung für die Mittelklasse ge-

---

[70] Drew (1995), S. 60.
[71] Reich, S. 119.
[72] Drew (1995), S. 62.
[73] s. Woodward, S. 66ff.
[74] s. dazu auch Reich, S. 98.
[75] Campbell/Rockman, S. 269
[76] Woodward, S. 81.

fährdeten. Auf dem Treffen einigten sich die Teilnehmer auf ein Budgetde-
fizitziel von 200 bis 225 Milliarden Dollar im Jahre 1997[77].

Lloyd Bentsen schlug dem President-elect mögliche Steuererhöhungen in
einem Gesamtvolumen von höchstens 250 Milliarden Dollar vor: die Erhöhung der Körperschaftssteuer und der Einkommenssteuer für Besserverdie-
nende sowie höhere Steuern auf Tabak, Alkohol und Treibstoff; der zu-
künftige Vize-Präsident Albert Gore, der seit Jahren öffentlich für den
Umweltschutz eintrat, sprach sich für eine Energiesteuer aus[78].

Die Priorität der Clinton-Administration lag nun bei der Sanierung des
Staatshaushaltes. Dies gebot nicht nur die wirtschaftliche Situation, sondern Bill Clinton als „minority president" mußte den Versuch unternehmen, die 19%, die für den „Defizitfalken" Ross Perot gestimmt hatten, politisch zurückzugewinnen. Die neue Prioritätensetzung wurde bei den „con-
firmation hearings"[79] von Leon Panetta, dem zukünftigen Direktor des *Office of Management and Budget*, deutlich. Panetta erklärte vor dem Senatsausschuß:

„Our first priority is to develop that deficit reduction plan."[80]

Die nun folgenden Wochen und Monate sollten im Zeichen dieser Aussage
stehen.

---

[77] Woodward, S. 94.

[78] Woodward, S.89f.

[79] die Anhörungen vor dem US-Senat, die jeder Kandidat für einen Bundesposten
durchlaufen muß und an deren Ende er entweder durch den Senat bestätigt oder abgelehnt wird.

[80] Campbell/Rockman, S. 27.

IV. Die Finanz- und Wirtschaftspolitik in Bill Clintons 1. Amtszeit (1993-1997)

1. Der Wirtschaftsplan und das Konjunkturprogramm („stimulus-package") von 1993

Am 20. Januar 1993 trat William J. „Bill" Clinton sein Amt als 42. Präsident der Vereinigten Staaten an. In seiner Amtseinführungsrede verbreitete er Hoffnung, machte gleichzeitig aber auch klar, daß der Weg zu wirtschaftlichem Aufschwung nicht einfach sein werde[81].

In den folgenden Tagen traf der neue Präsident mit den Kongreßführern und anderen hohen Würdenträgern zusammen. Die Republikaner im Kongreß ließen innerhalb von wenigen Tagen verlauten, daß sie einem Wirtschafts- bzw. Haushaltsplan, der Steuererhöhungen enthielte, nicht zustimmen würden[82]. Von Anfang an war der Präsident also nur auf seine eigene in vielerlei Hinsicht in sich zersplitterte Demokratische Partei angewiesen.

Am 29. Januar 1993 begannen im Weißen Haus die Gespräche des Präsidenten und seines Wirtschaftsteams zur Ausarbeitung des Wirtschaftsprogramms, das dem Kongreß so schnell wie möglich zugeleitet werden sollte[83]. Innerhalb von zweieinhalb Wochen erarbeitete das Weiße Haus einen Plan, der einen erheblichen Defizitabbau vorsah. Der Präsident hielt zwar an seinem versprochenen Investitionsprogramm fest, entschied sich aber auch für Steuererhöhungen und drastische Mittelkürzungen im Haushalt. Am 15. Februar 1993 hielt Bill Clinton im Vorfeld zu seiner *State of the Union Address* (Rede zur Lage der Nation), die für den 17. Februar angesetzt war, eine Fernsehansprache zur Haushalts- und Wirtschaftssituation:

---

[81] http://www.columbia.edu/acis/bartleby/inaugural/pres64.html

[82] s. Woodward, S. 109f.

[83] Drew (1995), S. 65.

„I had hoped to invest in your future by creating jobs, expanding education, reforming health care and reducing the debt without asking more of you... But I can't – because the deficit has increased so much beyond my earlier estimates and beyond even the worst official Government estimates from last year. We just have to face the fact that to make the changes our country needs, more Americans must contribute today so that all Americans can do better tomorrow...

As we make deep cuts in the existing Government programs, we'll make new investments where they'll do the most good... "[84]

Am 17. Februar 1993 trat der Präsident vor den versammelten Kongreß, um seine Rede zur Lage der Nation zu halten, die v.a. auch sein Wirtschaftsprogramm enthielt.

Die wichtigsten Punkte seiner Rede waren:

„To create jobs and guarantee a strong recovery, I call on Congress to enact an immediate jobs package of over 30 billion dollars...

In order to accomplish public investment and deficit reduction, government spending is being cut and taxes are being increased...

Our budget will, by 1997, cut 140 billion dollars from the deficit – one of the greatest real spending cuts by an American president. We are making more than 150 difficult, painful reductions which will cut federal spending by 246 billion dollars...

For the wealthiest – those earning more than 180,000 dollars per year, I ask you to raise the top rate for federal income taxes from 31 percent to 36 percent. Our plan recommends a ten percent surtax on incomes over 250,000 dollars a year... For businesses with taxable incomes over ten million dollars, we will raise the corporate tax rate to 36 percent... Ninety-eight point eight percent of America's families will have no increase in their income tax rates...

Our plan includes a tax on energy as the best way to provide us with new revenue to lower the deficit and invest in our people... "[85]

---

[84] Campbell/Rockman, S. 29.

[85] http://www.washingtonpost.com/wp-...ics/special/states/docs/sou93.htm

Zum Schluß erklärte der Präsident:

„This economic plan cannot please everybody. If this package is picked apart, there will be something that will anger each of us. But, if it is taken as a whole, it will help all of us."[86]

Der auf fünf Jahre angelegte Plan des Präsidenten sah Defizitkürzungen von insgesamt fast 500 Milliarden Dollar vor[87]. Das Konjunkturprogramm („stimulus package"), das der Präsident in seiner Rede mit 30 Milliarden Dollar veranschlagt hatte, wies schließlich nach Abzug bestimmter Steuern nur noch ein Volumen von 16,3 Milliarden Dollar auf[88]. Das Stimuluspaket sollte in dieser Höhe, getrennt vom eigentlichen Haushalt, als eigenständiges Haushaltsgesetz verabschiedet werden.

Obwohl das Wirtschaftsprogramm weniger Investitionen als im Wahlkampf 1992 versprochen enthielt, wurden doch 61 Regierungsprogramme, die u.a. den Umweltschutz, die Förderung neuer Technologien oder die Kriminalitätsbekämpfung zum Ziel hatten, finanziell aufgestockt[89]. Die Investitionen sollten immerhin eine Größenordnung von 230 Milliarden Dollar haben[90].

Bill Clinton konnte angesichts der Steuererhöhungen – u.a. auch wegen der sogenannten BTU-tax oder Energiesteuer – sein Wahlversprechen, die Mittelklasse zu entlasten, nicht halten. Die Steuererhöhungen, die rückwirkend zum 1. Januar 1993 gelten sollten, machten mit einem Volumen von 328 Milliarden Dollar[91] in fünf Jahren 60 Prozent des Sparbetrages aus[92].

---

[86] ebd.

[87] Klages, S. 176; Drew (1995), S. 73.

[88] Drew (1995), S. 114. Zur Zusammensetzung der 16,3 Milliarden $ des Konjunkturprogramms s. Woodward S. 167.

[89] Drew (1995), S. 72.

[90] Campbell/Rockman, S. 269.

[91] Campbell/Rockman, S. 269.

[92] Klages, S. 178.

Die Kürzungen betrafen hauptsächlich den Verteidigungsetat: 40 Prozent aller echten Kürzungen, die von 1994 bis 1998 vorgenommen werden sollten, sollten vom Pentagon getragen werden[93]. Sozialprogramme wie Medicaid und Medicare aber wurden aus den Kürzungsplänen ausgespart.

Die republikanische Minderheit stellte sich von Anfang an gegen den Sparhaushalt des Präsidenten und bekräftigte somit ihre Obstruktionspolitik, die sie schon Ende Januar 1993 angekündigt hatte. Zwei Tage nach seiner Rede erhielt der Präsident jedoch von US-Notenbankchef Alan Greenspan Unterstützung für seinen auf fünf Jahre angelegten Wirtschaftsplan, den Greenspan als „serious" und „plausible" bezeichnete[94].

Nun mußte aber Bill Clinton seinen Wirtschaftsplan und sein Konjunkturprogramm durch den Kongreß bringen. Deshalb ist es erforderlich, kurz auf den Budgetierungsprozess[95] in den USA einzugehen.

Der erste Schritt zur Verabschiedung des Haushaltes, ist der Budgetentwurf des Präsidenten, den das *Office of Management and Budget* bis zum ersten Montag im Februar dem Kongreß zuleiten muß. Anschließend beginnen die mit den einzelnen Budgetposten betrauten Kongreßausschüsse von Senat und Repräsentantenhaus, den Budgetvorschlag des Präsidenten zu prüfen. Bis Mitte April dauern die Beratungen über die Haushaltsresolution (Concurrent oder Budget Resolution) des Kongresses an, die den Rahmen für die Haushaltsberatungen stellt und in der Regel auf den Zahlen des *Congressional Budget Office* (CBO; Haushaltsbüro des Kongresses) basiert. Der Budgetvorschlag des Präsidenten ist also für den Kongreß in keinerlei Weise bindend. Faktisch ist die Haushaltsresolution ein eigenständiger Budgetvorschlag des Kongresses, der sich jedoch nicht an die Vorgaben des Präsidenten halten muß und auch nicht unbedingt im Senat und

---

[93] ebd.

[94] Woodward, S. 158.

[95] Zum Budgetierungsprozeß in den USA s. Adams/Lösche, S. 588ff.

Repräsentantenhaus übereinstimmen muß. Soll in bestehende bzw. laufende Haushaltsgesetze in Form von Mittelkürzungen und/oder Steuererhöhungen eingegriffen werden, bedient man sich des sogenannten „reconciliation"-Verfahrens[96]. Dabei verabschiedet das Repräsentantenhaus eine „reconciliation bill", die anschließend im Senat behandelt wird und verändert werden kann. Ist letzteres der Fall, kommt es zu einem Vermittlungsverfahren zwischen beiden Kammern, an dessen Ende die Abstimmung über die sogenannte „compromise reconciliation bill" steht. Dieses „reconciliation"-Verfahren fand für Präsident Clintons Wirtschaftsplan von 1993 Anwendung.

Da der amerikanische Haushalt in der Regel aus 13 einzelnen Haushaltsgesetzen, den sogenannten „appropriation-bills", besteht, ist der Prozeß oft langwierig. Das neue Haushaltsjahr beginnt jeweils am 1. Oktober, und bis Ende September müssen alle „appropriation-bills" verabschiedet und vom Präsidenten durch seine Unterschrift in Kraft gesetzt werden. Doch in den letzten zwanzig Jahren konnte in der Regel der Haushalt nicht fristgerecht verabschiedet werden. Für die Haushaltsjahre 1985/86, 1986/87, 1987/88, 1989/90, 1990/91 und 1995/96 war vor dem 1. Oktober kein einziges Haushaltsgesetz in Kraft getreten, für das Jahr 1991/92 nur drei „appropriation-bills" und 1992/93 eine einzige. In solchen Fällen muß der Kongreß die Bundesregierung durch zu bewilligende Zwischenfinanzierungen vor der Schließung bewahren[97].

Präsident Bill Clinton hatte nach seiner Rede vom 17. Februar 1993 erwartet, daß das Konjunkturprogramm in Höhe von 16,3 Milliarden Dollar rasch vom Kongreß verabschiedet werden würde, um die Wirtschaft anzukurbeln. Die Kongreßführer jedoch verfolgten eine zeitgleiche Verabschiedung des Konjunkturpakets und der „Budget Resolutions", also die Maß-

---

[96] Klages, S. 34f.

[97] s. dazu Klages, S. 110.

gaben, an denen sich die Haushaltsberatungen orientieren würden[98]. Obwohl die Haushaltsausschüsse von Repräsentantenhaus und Senat angesichts neuer Zahlen vom *Congressional Budget Office*[99] am 10. bzw. 11. März 1993 Clintons Wirtschaftsplan um weitere 63 Milliarden Dollar kürzten, verabschiedeten beide Kammern die Haushaltsvorlage des Präsidenten fast unverändert. Die Abstimmung über die „Budget Resolution" des von der Demokratischen Partei beherrschten Repräsentantenhauses fand am 18. März 1993 statt. 243 Abgeordnete sprachen sich für die Resolution, 183, darunter 11 konservative Demokraten, sprachen sich dagegen aus. Am nächsten Tag verabschiedete das Repräsentantenhaus das Konjunkturprogramm des Präsidenten mit 235 zu 190 Stimmen[100].

Am 25. März 1993 folgte der Senat, der seine „Budget Resolution", die sich unwesentlich von der „Budget Resolution" des Repräsentantenhauses unterschied, mit 54 zu 45 Stimmen verabschiedete[101]. Dies war die erste Hürde, die zur Verabschiedung des Sanierungshaushaltes überwunden werden mußte. Bevor die „Budget Reconciliation Bill" verabschiedet werden konnte, mußten in den beiden Parlamentskammern und ihren Ausschüssen über die einzelnen Posten beraten und entschieden werden. Die beiden nun verabschiedeten „Budget Resolutions" waren für den Kongreß in keinerlei Weise bindend und dienten lediglich als Verhandlungs- bzw. Arbeitsgrundlage.

Das Stimuluspaket bzw. Konjunkturprogramm in Höhe von 16,3 Milliarden Dollar sollte jedoch so schnell wie möglich in Kraft treten. Nach dessen Verabschiedung im Repräsentantenhaus mußte der Senat dem Programm zustimmen. Die Republikaner im Senat sahen jedoch in der Verabschiedung des Stimuluspakets eine Gelegenheit, dem Präsidenten innen-

---

[98] Drew (1995), S. 103.
[99] Drew (1995), S. 86.
[100] Drew (1995), S. 112; Campbell/Rockman, S. 103.
[101] ebd.

und wirtschaftspolitisch zu schaden, denn weder der Präsident noch der demokratische Vorsitzende des *Senate Appropriations Committee* (Bewilligungsausschuß des Senats), Senator Robert C. Byrd aus West Virginia, hatten die republikanische Senatsminderheit in die Beratungen eingebunden. Vielmehr hatte Senator Byrd den Republikanern durch einen parlamentarischen Trick das Recht verwehrt, dem Konjunkturprogrammgesetz „amendments" anzuhängen[102]. Als Reaktion darauf, begannen die republikanischen Senatoren am 1. April 1993 ein *filibuster*[103]. Das *filibuster* ist ein im Senat übliches Obstruktionsmittel einer Minderheit, die durch Dauerreden – die Redezeit eines Senators ist unbegrenzt – die Behandlung oder Verabschiedung einer Gesetzesvorlage verschleppen bzw. verhindern kann[104]. Ein *filibuster* kann nur dann beendet werden, wenn 3/5 der Senatoren einem entsprechenden Antrag zustimmen. Die 3/5-Mehrheit liegt bei 60 Senatoren; da 1993 57 Demokraten im Senat saßen, mußte die Lage so lange als aussichtslos gelten, bis mindestens drei republikanische Senatoren das Ende der Debatte mittragen wollten. Bis zum 5. April 1993, als der Senat seine zweiwöchige Osterpause begann, versuchten die Demokraten dreimal, das *filibuster* zu beenden, scheiterten aber immer wieder an der 3/5-Mehrheit[105].

Vor dem erneuten Zusammentritt des Senats schlug Präsident Clinton einen Kompromiß vor, der jedoch vom *Senate Minority Leader* (Führer der republikanischen Minderheit im Senat), Robert J. Dole abgelehnt wurde[106]. Somit schwanden die Chancen, das Stimuluspaket in seiner vorliegenden

---

[102] Drew (1995), S. 117.

[103] ebd.

[104] s. Adams/Lösche, S. 220. Den Rekord im „filibustering" hat Senator J. Strom Thurmond aus South Carolina aufgestellt. Vom 28. bis 29. August 1957 versuchte er durch ein *filibuster* von 24 Stunden und 18 Minuten, die Bürgerrechtsgesetzgebung aufzuhalten.

[105] Campbell/Rockman, S. 104.

[106] Drew (1995), S. 119.

Form in Kraft zu setzen. Die Demokraten versuchten nach dem Zusammentreten des Senats ein letztes Mal, das *filibuster* zu unterbrechen, scheiterten aber mit 56 zu 43 Stimmen[107]. Am 21. April 1993 gab der Präsident das Scheitern seines Konjunkturprogrammes zu:

„I'm very disappointed about this. And frankly, a little surprised about it. It doesn't make a lot of sense. A lot of the Republican senators told me they wanted to work something out, and I went out of my way to meet them halfway, and then some."[108]

Der Kongreß verständigte sich anschließend – als Kompromißlösung – auf die rasche Verabschiedung eines Teils des Stimuluspakets in Höhe von 4 Milliarden Dollar für die Arbeitslosenunterstützung[109]. Im Juli 1993 konnte die Clinton-Administration ein „mini-stimulus"-Gesetz auf den Weg bringen, das 220 Millionen Dollar für die Finanzierung von Sommerjobs v.a. an Jugendliche bereitstellte[110]. Es liegt jedoch auf der Hand, daß das Verhalten der Republikaner Bill Clintons Position im Kongreß bereits drei Monate nach seinem Amtsantritt geschwächt hatte.

Unterdessen gingen die Beratungen des Repräsentantenhauses und des Senats über den Sanierungshaushalt des Präsidenten weiter. Es war von Beginn an klar, daß sich über das Ausarbeiten und die Verabschiedung der „reconciliation bill" ausschließlich die Demokraten einig werden mußten, da absehbar war, daß die Republikaner ihre ablehnende Haltung nicht aufgeben würden.

Die „reconciliation bill" sollte, im Gegensatz zur „budget resolution" von März, die vom Präsidenten vorgeschlagenen Steuererhöhungen, Mittelkürzungen und neuen Investitionen gesetzlich verankern. Von Anfang an stieß die BTU-tax oder Energiesteuer auf erbitterten Widerstand der Öl-, Alumi-

---

[107] Campbell/Rockman, S. 104.

[108] Woodward, S. 195.

[109] Campbell/Rockman, S. 104; Drew (1995), S. 119.

[110] Drew (1995), S. 119.

nium- und Chemieindustrie[111]. Dennoch billigte das *House Ways and Means Committee* (Bewilligungsausschuß des Repräsentantenhauses) am 13. Mai 1993 die „reconciliation bill", die eine beachtliche Defizitreduzierung vorsah. Durch Zugeständnisse erreichte die Clinton-Administration die Festschreibung der Energiesteuer in einem Volumen von 72 Milliarden Dollar. Obwohl beispielsweise die Erhöhung der Körperschaftssteuer geringer ausfiel als von Clinton gewünscht, konnte der Präsident einen großen Teil seines Programms durch den Ausschuß bringen[112].

Vor der schwierigen Abstimmung der „reconciliation bill" im Repräsentantenhaus am 27. Mai 1993, traten am 20. Mai 1993 die demokratischen Senatoren David L. Boren aus Oklahoma und J. Bennett Johnston aus Louisiana sowie die republikanischen Senatoren John C. Danforth aus Missouri und William S. Cohen aus Maine mit einem eigenen Wirtschaftsplan an die Öffentlichkeit. Der Plan der vier Senatoren sah weniger Steuererhöhungen vor; v.a. die Energiesteuer (BTU-tax) sollte ganz wegfallen. Dafür sollten Sozialprogramme wie Medicare, Medicaid oder die Steuervergünstigungen für die unteren Einkommensklassen beschnitten werden[113].

Obwohl Bill Clinton eher ruhig auf diesen Vorschlag reagierte[114], konnte er dennoch nicht übersehen, daß der Plan der Senatoren die Verabschiedung der „reconciliation bill" im Repräsentantenhaus gefährdete. Denn demokratische Repräsentanten aus ölproduzierenden Staaten wie Louisiana, Texas oder Oklahoma hatten aus naheliegenden Gründen die Energiesteuer von Beginn an abgelehnt. Außerdem war Senator Boren Mitglied des *Senate Finance Committee* und ohne seine Stimme im Ausschuß konnte auch

---

[111] Drew (1995), S. 165.
[112] Drew (1995), S. 165f.
[113] Woodward, S. 223.
[114] s. Woodward, S. 224f.

das Programm des Präsidenten nicht vor den Senat zur Abstimmung gebracht werden[115].

Die Clinton-Administration, die nun eine Niederlage der „reconciliation bill" im Repräsentantenhaus befürchtete, ging dazu über, die Zustimmung der aus ölproduzierenden Staaten stammenden Abgeordneten mit dem Argument zu gewinnen, daß die Energiesteuer in jedem Fall im Senat geändert werden würde[116]. Nach weiteren Verhandlungen innerhalb der demokratischen Fraktion[117] schien die Verabschiedung der „reconciliation bill" gesichert. Am 27. Mai 1993 begann die Abstimmung. Da von 435 Repräsentanten nur 432 anwesend waren, lag die zu erreichende absolute Mehrheit bei 217 Stimmen[118]. Das Endergebnis fiel denkbar knapp aus: 219 Ja-Stimmen zu 213 Nein-Stimmen; alle Republikaner und 38 Demokraten hatten dagegen gestimmt[119].

Die „reconciliation bill" wurde nun dem Senat zugeleitet. Doch angesichts der ablehnenden Haltung von Senator Boren mußte erst im *Senate Finance Committee* (Finanzausschuß des Senats) ein Kompromiß über die Energiesteuer gefunden werden. Anfang Juni 1993 begann sowohl der Präsident als auch ein Teil seines Wirtschaftsteams die BTU-tax zu überdenken[120]. Der Präsident, der jeglicher offenen Konfrontation mit Kongreßmitgliedern aus dem Weg gehen wollte, fand sich zwischen allen Stühlen wieder: der moderat-konservative Flügel seiner Demokratischen Partei forderte weniger Steuererhöhungen, weniger Investitionen und mehr Kürzungen im sozialen Bereich, wobei er sich hier auf gleicher Ebene mit moderaten republikanischen Senatoren befand; der liberalere Flügel der Demokraten trat gegen

---

[115] Drew (1995), S. 168.

[116] ebd.

[117] s. Campbell/Rockman, S. 105.

[118] Woodward, S. 237.

[119] Drew (1995), S. 171.

[120] s. Drew (1995), S. 172f.; Woodward, S. 249f.

40

die Defizitkürzung und für mehr Investitionen im sozialen Bereich ein. Deren Argument war, man müsse den politischen Vorteil eines mit einem demokratischen Kongreß regierenden demokratischen Präsidenten nutzen, um soziale Programme nach zwölf Jahren republikanischer Präsidentschaft durchzubringen. Daß beide Flügel von zahlreichen Lobbyisten unterstützt wurden, verstärkte nur die Auseinandersetzung.

Präsident Clinton, der mit dem politischen Prozeß in Washington D.C. kaum oder gar nicht vertraut war, verließ sich bei den Verhandlungen innerhalb des *Senate Finance Committee* allzusehr auf dessen Vorsitzenden, Daniel Patrick Moynihan aus New York, und auf den *Senate Majority Leader*, George J. Mitchell[121]. Beide Senatoren versuchten, innerhalb ihrer Partei einen Konsens zu erreichen. Die Verhandlungen zogen sich bis zum 16. Juni 1993 hin, als ein Kompromißpaket geschnürt werden konnte: die Energiesteuer/BTU-tax wurde durch eine Benzinsteuer in Höhe von 4.3 cents/Gallone ersetzt. Die neue Benzinsteuer sollte nur noch Einnahmen von 24 Milliarden Dollar bringen – im Vergleich zu den 72 Milliarden Dollar der Energiesteuer. Der Fehlbetrag wurde durch Kürzungen im Sozialbereich, besonders bei Medicare, und bei den geplanten Investitionen aufgewogen[122]. Präsident Clinton hatte also in wichtigen politischen Positionen nachgeben müssen.

Am 17. Juni 1993 ließ das *Senate Finance Committee* die überarbeitete „reconciliation bill" mit 11 zu 9 Stimmen passieren. Senator Boren stimmte mit seiner Partei, die neun Republikaner stimmten geschlossen dagegen. Der nächste Schritt war nun die Verabschiedung der „reconciliation bill" durch den gesamten Senat.

Obwohl im Vorfeld der Abstimmung am 25. Juni 1993 14 demokratische Senatoren angekündigt hatten, gegen das Gesetz zu stimmen bzw. zur Ab-

---

[121] s. Drew (1995), S. 223.
[122] Woodward, S. 270.; Drew (1995), S. 224.

lehnung des Gesetzes neigten, gelang es dem Weißen Haus, genügend Senatoren auf seine Seite zu bringen. Dennoch war das Endergebnis äußerst knapp: 50 Ja-Stimmen zu 49 Nein-Stimmen[123]. Alle republikanischen und sechs demokratische Senatoren sprachen sich gegen die „reconciliation bill" aus. Vize-Präsident Albert Gore, der in seiner Eigenschaft als Präsident des Senats das Recht hat, bei Stimmengleichheit die entscheidende Stimme abzugeben, hatte mit der 50. Stimme das Gesetz auf den Weg gebracht[124].

Da sich die Versionen der „reconciliation bill", die im Repräsentantenhaus und im Senat verabschiedet worden waren, in wichtigen Punkten wesentlich unterschieden, wurde das Gesetz einem Vermittlungsausschuß übergeben, der eine „compromise reconciliation bill" auf den Weg bringen sollte. Daß der Vorgang schwierig sein würde, war von Anfang an klar, denn die „compromise reconciliation bill" sollte das endgültige Sanierungsprogramm gesetzlich verankern.

Das Weiße Haus startete im Juli eine Kampagne, die die Unterstützung des Präsidenten im Kongreß stärken sollte. Der Präsident, der mit allen im Kongreß vertretenen Gruppen zusammentraf[125], hielt weiterhin an seinem Ziel fest, das Defizit in den kommenden vier Jahren um 500 Milliarden Dollar zu kürzen, obwohl er wegen der Aufgabe der BTU-Energiesteuer weniger Einnahmen zur Verfügung haben würde. Die endgültige Entscheidung würde zweifelsohne im Senat fallen, wo mehrere demokratische Senatoren dem endgültigen Sanierungsgesetz ablehnend oder skeptisch gegenüberstanden.

Am 1. August 1993 gab der demokratische Senator David L. Boren aus Oklahoma öffentlich bekannt, daß er gegen den Wirtschaftsplan des Präsi-

---

[123] Campbell/Rockman, S. 106; Drew (1995), S. 225; Woodward, S. 274.

[124] s. Artikel I, Section 3.4 der US-Verfassung: *„The Vice President of the United States shall be President of the Senate, but shall have no vote, unless they be equally divided."*

[125] Campbell/Rockman, S. 107.

denten stimmen würde[126]. Da fünf weitere Senatoren – Richard Shelby aus Alabama, Sam Nunn aus Georgia, J. Bennett Johnston aus Louisiana, Frank R. Lautenberg aus New Jersey und Richard Bryan aus Nevada – eine ablehnende Haltung eingenommen hatten, mußte das Weiße Haus vier schwankende Senatoren auf seine Seite ziehen: Dianne Feinstein aus Kalifornien, Joseph Lieberman aus Connecticut, Bob Kerrey aus Nebraska und Dennis DeConcini aus Arizona[127]. Die Überzeugungsarbeit, die sich im nachhinein v.a. auf die Senatoren DeConcini und Kerrey konzentrierte, führte schließlich zur Erklärung DeConcinis am 4. August 1993, daß er den Präsidenten unterstützen würde[128]. Bob Kerrey, der am 5. August 1993 noch erklärt hatte, gegen die „compromise reconciliation bill" zu stimmen, entschloß sich im letzten Augenblick, den Präsidenten zu unterstützen[129].

Am 2. August 1993 konnte der Vermittlungsausschuß zwischen beiden Parlamentskammern die Verhandlungen über eine „compromise reconciliation bill" erfolgreich abschließen. Das endgültige Sanierungsgesetz mit dem Wirtschaftsplan des Präsidenten sah u.a. folgendes vor:

- Die Steuererhöhungen in einem Volumen von 241 Milliarden Dollar[130], die rückwirkend zum 1. Januar 1993 erhoben werden sollten, sollten v.a. von den Besserverdienenden - Ledige ab einem Jahreseinkommen von 140 000 Dollar und Ehepaare ab einem Jahreseinkommen von 180 000 Dollar - eingefordert werden. Personen ab einem Jahreseinkommen von 250 000 Dollar wurden mit einem Spitzensteuersatz von insgesamt 42,2% belegt. Die Benzinsteuer von 4.3 cents/Gallone[131], die in der Be-

---

[126] Drew (1995), S. 263; Woodward, S. 329f.

[127] ebd.

[128] Drew (1995), S. 266.

[129] Drew (1995), S. 271f.

[130] Campbell/Rockman, S. 273. Siehe auch *Mannheimer Morgen* vom 5. und 9. August 1993.

[131] s. dazu Woodward, S. 326f.

völkerung mehrheitlich einer BTU-Energiesteuer vorgezogen wurde[132], sollte umgesetzt und die Körperschaftssteuer um 1% auf 35% - ein Prozentpunkt weniger als vom Präsidenten gewünscht - erhöht werden[133]. Die Freibeträge bei der Rentenbesteuerung hingegen wurden auf 34000 Dollar für Ledige und 44 000 Dollar für Verheiratete angehoben. Der Präsident hatte sich für niedrigere Freibeträge – 25 000 Dollar für Ledige und 32000 für Verheiratete – ausgesprochen[134].

- Die Kürzungen in einem Volumen von 255 Milliarden Dollar[135] betrafen v.a. die Sozialprogramme Medicare und Medicaid, die vom Präsidenten gewünschten Bildungs- und Infrastrukturinvestitionen[136] sowie den Verteidigungshaushalt. Außerdem sollten die Rentenbezüge der ehemaligen Staatsangestellten langsamer steigen.

- Schließlich sollte das Defizit im folgenden Fünfjahreszeitraum um 496 Milliarden Dollar verringert werden[137]. Die Defizitreduzierung fand in der Bevölkerung auch am meisten Anklang. In drei von Februar bis Juni 1993 durchgeführten Umfragen der *New York Times* und des Fernsehsenders *CBS* erklärte sich eine Mehrheit der Befragten dazu bereit, bis zu 100 Dollar mehr an Steuern zu zahlen, wenn dies zum Defizitabbau beitragen würde[138].

Trotz oder gerade wegen dieses Kompromißpakets war die Verabschiedung der „compromise reconciliation bill" sowohl im Repräsentantenhaus als auch im Senat ungewiß. Auf jeden Fall würde die Endabstimmung eng

---

[132] s. Renshon, S. 206f.

[133] Drew (1995), S. 264.

[134] Klages, S. 221.

[135] Campbell/Rockman, S. 273. Siehe auch *Mannheimer Morgen* vom 5. Und 9. August 1993.

[136] s. dazu Klages, S. 222.

[137] Drew (1995), S. 264; siehe auch *Mannheimer Morgen* 9. August 1993.

[138] Renshon, S. 206.

werden. In den Tagen vor den Abstimmungen – am 5. August 1993 im Repräsentantenhaus und am 6. August 1993 im Senat – organisierte das Weiße Haus eine großangelegte Überzeugungskampagne. Der Präsident und sein Kabinett telefonierten und trafen persönlich mit Repräsentanten und Senatoren zusammen, deren Abstimmungsverhalten ungewiß bzw. schwankend war[139]. Am 3. August 1993 wandte sich der Präsident in einer Fernsehansprache an die Bevölkerung, um das Gesetzespaket zu erklären und dafür zu werben:

„It's been at least 30 years since a President has asked Americans to take personal responsibility for our country's future[140]*...*

There are always places to give and take, but from the first day to this day, I have stood firm on certain ideas and ideals that are at the heart of this plan...

Our opponents want to bring the plan down. The guardians of gridlock[141] *will do a-nything to preserve the status quo to serve special interests, and to drag this thing out. Tell them to change the direction of the economy and do it now."*[142]

Die Unterstützung für das Wirtschaftsprogramm des Präsidenten war nach der Rede nicht wesentlich gestiegen. In einer Umfrage des Weißen Hauses unterstützten 48% der Befragten den Sanierungsplan, während ihn 41% ablehnten[143]. Doch nur 21% der erwachsenen Bevölkerung hatte die Rede bis zum Ende verfolgt[144].

Die Verabschiedung der „compromise reconciliation bill" am 5. August 1993 im Repräsentantenhaus fiel denkbar knapp aus. Bis zuletzt bangte der Präsident, ob sein Wirtschaftsplan in der Lage sei, die parlamentarische

---

[139] Siehe dazu u.a. Woodward, S. 343f. und Drew (1995), S. 267.

[140] Woodward, S. 331.

[141] Unter „gridlock" versteht man die gegenseitige Blockierung der Staatsgewalten oder den Reformstau.

[142] Drew (1995), S. 265.

[143] Woodward, S. 333.

[144] Renshon, S. 111.

Hürde zu überwinden. Die zu erreichende absolute Mehrheit lag bei 218 Stimmen und das Programm des Präsidenten wurde schließlich auch mit 218 Ja-Stimmen zu 216 Nein-Stimmen verabschiedet[145]. Die beiden Repräsentanten, die die Abstimmung entschieden, waren die 1992 gewählte Marjorie Margolies-Mezvinsky aus Pennsylvania, die einen konservativen Wahlkreis zu vertreten hatte, und Pat Williams aus Montana[146]. In seinem Buch „Staat auf Sparkurs" hat Wolfgang Klages ausführlich das Wahlverhalten der demokratischen Repräsentanten analysiert. Demnach stimmten 36,8% der demokratischen Abgeordneten nach wahlkreisorientierten, also eigennützigen Gesichtspunkten, 33,6% handelten nach parteipolitischen Gesichtspunkten und lediglich 29,6% stimmten aus Überzeugung für das Sparpaket[147].

Die Abstimmung im Senat am 6. August 1993 fiel genauso knapp aus wie die Abstimmung im Repräsentantenhaus einen Tag zuvor: 50 Senatoren stimmten dafür, 50 Senatoren dagegen. Vize-Präsident Gore, der bei diesem Stimmenpatt die Entscheidung zu treffen hatte[148], stimmte zugunsten der „compromise reconciliation bill". Somit lautete das Endergebnis 51 Ja-Stimmen zu 50 Nein-Stimmen[149]. Kein einziger Republikaner hatte in irgendeiner Kammer für das Gesetz gestimmt.

Da die Senatoren in der Regel für eine sechsjährige Amtszeit gewählt werden – wobei alle zwei Jahre ein Drittel des Senats zusammen mit dem Repräsentantenhaus erneuert wird – ist es interessant, das Stimmverhalten der 50 Senatoren, die für den Wirtschaftsplan votierten, nach ihrer möglichen Wiederwahl zu analysieren. Lediglich 14 der besagten 50 Senatoren strebten 1994 eine Wiederwahl an, u.a. Senator Edward M. Kennedy aus Mas-

---

[145] Campbell/Rockman, S. 107; Drew (1995), S. 269.
[146] Drew (1995), S. 269.
[147] Klages, S. 238.
[148] s. Fußnote 124
[149] Campbell/Rockman, S. 107; Drew (1995), S. 272.

sachusetts; 5 Senatoren hatten ihr Ausscheiden bekanntgegeben und 31 mußten erst 1996 oder 1998 erneut antreten[150]. Diese Zahlen zeigen, daß die große Mehrheit der zustimmenden Senatoren keinem Abwahlrisiko unterlag. 9 Senatoren (18%) stimmten nach wahlkreisorientierten bzw. eigennützigen Gesichtspunkten, 27 Senatoren (54%) votierten nach parteipolitischen Gesichtspunkten und lediglich 14 Senatoren (28%) handelten uneigennützig, also sparbereit[151].

Sechs demokratische Senatoren stimmten wegen jeweiliger Wahlkreisrücksichten gegen das Wirtschaftsprogramm: die vier Südstaatendemokraten Richard Shelby aus Alabama, Sam Nunn aus Georgia, J. Bennett Johnston aus Louisiana und David L. Boren aus Oklahoma, die alle 1994 ihr Mandat nicht erneuern mußten; und die zwei Senatoren Richard Bryan aus Nevada und Frank R. Lautenberg aus New Jersey, die 1994 eine Wiederwahl zu bestehen hatten[152].

Präsident Bill Clinton reagierte mit Erleichterung auf die Verabschiedung seines Wirtschaftsplans, der erheblich zum Wirtschaftsaufschwung bzw. zum Ausgleich des amerikanischen Staatshaushaltes beitragen sollte. U.a. sagte der Präsident:

„What we heard tonight at the other end of Pennsylvania Avenue was the sound of gridlock[153] breaking...This was not easy, but change is never easy."[154]

Wie wirkte sich Präsident Clintons zäh erkämpftes Wirtschaftsprogramm, das den offiziellen Namen *Omnibus Budget and Reconciliation Act of 1993* (OBRA '93) trug, in den folgenden Monaten und Jahren aus?

---

[150] s. Klages, S. 247.

[151] s. Klages, S. 258.

[152] s. Klages, S. 261.

[153] s. Fußnote 141

[154] Drew (1995), S. 272.

Obwohl die wirtschaftliche Erholung zu Beginn von Clintons Präsidentschaft hinter den Erwartungen zurückblieb[155], so konnte man doch in der Folgezeit einen wirtschaftlichen Aufschwung, auch auf dem Arbeitsmarkt, verzeichnen, der mit der Zeit an Schwung gewann. Der im August 1993 verabschiedete Sanierungsplan des Präsidenten, der von den geldpolitischen Institutionen wie der US-Notenbank begrüßt und unterstützt wurde, trug erheblich dazu bei, das Budgetdefizit zu reduzieren: 1994 lag das Defizit noch bei 4% des amerikanischen Bruttoinlandsproduktes (BIP), im Finanzjahr 1995/96 war es auf unter 1,5% des BIP gesunken[156]. Begünstigt wurde diese Entwicklung durch den Aufschwung der US-Wirtschaft, der dem Staat bei bleibenden Ausgabenbegrenzungen – hier u.a. die Einsparungen im Verteidigungsetat[157] – steigende Einnahmen bescherte, v.a. durch die im OBRA '93 beschlossenen Steuererhöhungen. Als Beispiel seien die Erträge aus der Einkommenssteuer genannt, die sich 1992 noch auf 7,7% des BIP belaufen hatten und bis 1997 um 1,5 Prozentpunkte auf 9,3% des BIP anstiegen[158]. Gleichzeitig mußte der Staat weniger für Sozialleistungen, die heute fast 2/3 der Etatmittel ausmachen, ausgeben, denn die Arbeitslosigkeit sank kontinuierlich. Im Dezember 1993 erreichte sie mit einer Quote von 6,4% ihren niedrigsten Stand seit dem Frühjahr 1991[159]. So konnten die Staatseinnahmen, die 1993 noch 17,8% des BIP betrugen, 1996 auf 19,3% und 1997 auf 19,8% des BIP steigen[160].

Die Politik der von Alan Greenspan geleiteten US-Notenbank (FED) unterstützte darüberhinaus den wirtschaftlichen Aufschwung, indem sie bis 1994 die kurzfristigen Zinsen auf niedrigem Niveau beließ. Vom Februar 1994 an erhöhte die FED schrittweise den Diskontsatz, um eine Überhitzung der

---

[155] S. dazu Woodward, S. 282 und S. 306.

[156] Klages, S. 184.

[157] s. Klages, S. 62f.

[158] Klages, S. 60.

[159] Drew (1995), S. 375.

[160] Klages, S. 60 und S. 185.

US-Wirtschaft bzw. einen Inflationsanstieg zu vermeiden. Im Juli 1995 nahm die Notenbank dann wieder schrittweise die Zinserhöhungen zurück[161].

Sowohl das Spargesetz OBRA '93 des Präsidenten als auch die Geldpolitik der amerikanischen Notenbank legten den Grundstein für das erstaunliche Wirtschaftswachstum in den Vereinigten Staaten von Amerika.

2. Haushaltspoltik 1994 und die Kongreßwahlen von 1994

Das Fazit seines ersten Amtsjahres zog Präsident Bill Clinton in seiner Rede zur Lage der Nation am 25. Januar 1994. Zur Haushalts- und Wirtschaftsentwicklung erklärte er:

„Last year, we began to put our house in order by tackling the budget deficit...We cut $255 billion in spending, including entitlements[162], in over 340 separate budget items...

Because the deficit was so large and because they benefited from tax cuts in the 1980s, we did ask the wealthiest Americans to pay more to reduce the deficit...When I became president, the experts predicted that next year's deficit would be $300 billion, but because we acted, those same people now say the deficit's going to be under $180 billion, 40 percent lower than was previously predicted...[O]ur economy has produced 1.6 million private-sector jobs in 1993, more than were created in the previous four years combined...

Next month I will send you one of the toughest budgets ever presented to Congress. It will cut spending in more than 300 programs, eliminate 100 domestic programs, and reforms the way in which governments buy goods and services...

This year, many people urged me to cut our defense spending further to pay for other government programs. I said no. The budget I send to Congress draws the line against further defense cuts."[163]

---

[161] Klages, S. 186.

[162] „Entitlements" sind Pflichtausgaben des Staates, die auf einmal beschlossenen Leistungsgesetzen basieren.

[163] http://www.washingtonpost.com/wp-...ics/special/states/docs/sou94.htm

Der Etatentwurf für das Haushaltsjahr 1994/95 orientierte sich am Spargesetz von August 1993. Die Steuergesetze und die Pflichtausgaben, die zwei
Drittel der gesamten Staatsausgaben ausmachten, wurden nicht verändert,
so daß unter diesen Umständen die Bewilligung des Haushaltes zügig und
dem Zeitplan entsprechend abgeschlossen werden konnte[164]. Trotz oder
wegen der positiven wirtschaftlichen Entwicklung - u.a. sank die Arbeitslosenquote von 6,8% (1993) im Laufe des Jahres 1994 auf 6,1%[165] -, stand
die Wirtschafts- und Haushaltspolitik des Präsidenten im Mittelpunkt des
Wahlkampfes 1994. Im November 1994 sollte das gesamte Repräsentantenhaus, 35 Senatorensitze und 36 Gouverneure gewählt werden.

Die republikanische Kongreßminderheit, die die von Bill Clinton verfolgte
Politik von Anfang an bekämpft hatte, hatte sich das Ziel gesetzt, unzufrie-
dene Wählergruppen stärker zu mobilisieren, um so die Wahl für sich zu
entscheiden. Der Wahlkampf wurde in erster Linie gegen den Präsidenten
und seine Politik geführt.

Unter der Führung des *House Republican Whip*[166], Newt Gingrich, erarbeitete und veröffentlichte die republikanische Kongreßminderheit im
Herbst 1994 ihr *Contract with America*, ein Wahlkampfprogramm, das im
Falle eines Wahlsieges in die Tat umgesetzt werden sollte. Der *Contract
with America* enthielt mehrere Punkte und Forderungen: ein *Balanced
Budget Constitutional Amendment*, das den Haushaltsausgleich verfassungsrechtlich verankern sollte; Steuersenkungen für die Mittelklasse und
die Unternehmen; das *line-item veto*, das dem Präsidenten ermöglichen
sollte, einzelne Etatposten mit seinem Veto zu belegen; die Verabschiedung eines Gesetzes, wonach die Steuern nur mit der Dreifünftelmehrheit

---

[164] Klages, S. 188f.

[165] Bierling, S. 36.

[166] Geschäftsführer der republikanischen Partei im Repräsentantenhaus

in beiden Parlamentskammern erhöht werden dürften; und Mandatsbegrenzungen für Kongreßmitglieder[167].

Das Programm der Republikaner stellte nicht nur die Haushaltspolitik des Präsidenten grundlegend in Frage, sondern entsprach der Stimmung in der Bevölkerung, die der Clinton-Administration allgemein mißtraute. Denn trotz der wirtschaftlichen Erfolge hatte das Ansehen des Präsidenten aufgrund von Skandalen, nicht gehaltener Versprechen – beispielsweise die nicht umgesetzte Krankenversicherungsreform – oder umstrittener außenpolitischer Entscheidungen – wie die Intervention in Haïti im September 1994 – erheblich gelitten. Deshalb machte sich bei der Demokratischen Partei die Sorge breit, in den *midterm-elections*, bei denen in der Regel die Partei des amtierenden Präsidenten Verluste erleidet, über Gebühr abgestraft zu werden. Diese Besorgnis verbreitete sich zusehends in Regierungkreisen, wie das Memorandum vom 30. September 1994 des Arbeitsministers Robert Reich an den Präsidenten belegt:

„Wir laufen Gefahr, im November das Repräsentantenhaus zu verlieren, vielleicht sogar den Senat. Jawohl, der Wirtschaftsplan zahlt sich aus: Über vier Millionen neue Arbeitsplätze sind hinzugekommen und werden im Schnitt besser bezahlt als die alten; die Wirtschaft wächst erfreulich...[Doch n]ur relativ wenige kommen in den Genuß des neubegründeten Wohlstandes... Das mittlere Lohnniveau ist 1993 gesunken und sinkt auch in diesem Jahr. Die Mittelschicht ist zur Sorgenschicht geworden... 1992 stimmten die Amerikaner für die ‚Wende‘, weil so viele von ihnen an Terrain verloren. Unser Wirtschaftsplan hat den Aufschwung angespornt, aber die Talfahrt geht weiter. Infolgedessen fühlen sich diese Amerikaner betrogen. Wahrscheinlich werden sie 1994 wieder für den ‚Wechsel‘ stimmen."[168]

Bill Clinton, der im Wahlkampf 1992 versprochen hatte, die amerikanische Mittelschicht zu entlasten, hatte angesichts der Haushaltslage bei seinem Amtsantritt dieses Versprechen nicht halten können. Er hatte also in den Augen eines wichtigen Teils der Bevölkerung seine Position eines der

---

[167] Drew (1996), S. 29f.
[168] Reich, S. 277f.

Mitte verpflichteten „New Democrat" verlassen und durch die Steuererhöhungen, die in Wahrheit nur die Besserverdienenden trafen, das Bild eines
„Old Democrat" wiederbelebt. Dadurch erschien er vielen nicht mehr
glaubwürdig. In einer Umfrage von November 1994 erklärten 52% der Befragten, daß sie eher den Republikanern die Lösung des Defizitproblems
zutrauten; nur noch 31% trauten dies den Demokraten zu[169]. 75% der
Wähler von 1994 erklärten, ihre Situation habe sich seit 1992 nicht verbes-
sert[170]. Schließlich nahm ein großer Teil der Bevölkerung die wirtschaftlichen Erfolge des Präsidenten nicht wahr: Ende Oktober 1994 glaubten 59%
der Öffentlichkeit immer noch, daß sich die Wirtschaft in einer Rezession
befinde; nur 34% wußten, daß das Defizit unter Präsident Clinton zu sinken
begonnen hatte, und lediglich 24% vertraten die Ansicht, daß der Wirtschaftsplan von August 1993 der wirtschaftlichen Erholung geholfen habe[171]. Die erwähnten Zahlen zeigen, daß der Präsident und seine Regierung
nicht in der Lage gewesen waren, ihre Politik der breiten Bevölkerung na-
hezubringen und zu erklären.

Angesichts dieser Zahlen ist es nicht verwunderlich, daß die Republikanische Partei am 8. November 1994 einen deutlichen Sieg erringen konnte.
Nach vierzig Jahren beherrschten die Republikaner wieder das Repräsentantenhaus[172]; im Senat konnten die Republikaner 9 Sitze hinzugewinnen
und kontrollierten mit nun 53 Sitzen[173] die obere Kammer; außerdem
konnten elf neue Gouverneursposten erobert werden, u.a. in wichtigen
Bundesstaaten wie Texas, in dem George W. Bush, der älteste Sohn des

---

[169] Klages, S. 268.

[170] s. Campbell/Rockman, S. 193f.

[171] s. Campbell/Rockman, S. 239f.

[172] Nach 1945 konnte die republikanische Partei nur zweimal eine Mehrheit im Repräsentantenhaus erreichen: von 1947 bis 1949 und von 1953 bis 1955.

[173] Nach der Wahl kamen die Republikaner auf 52 Senatssitze. Im November 1994 trat
aber der demokratische Senator Richard Shelby aus Alabama der republikanischen Partei bei, so daß die Republikaner im 104. Kongreß auf 53 Senatssitze kamen.

ehemaligen Präsidenten George H. W. Bush, gewählt wurde, New York, Tennessee oder Pennsylvania. Kein einziger republikanischer Amtsinhaber wurde abgewählt[174].

Auf demokratischer Seite wurden bedeutende Amtsinhaber abgewählt, wie beispielsweise Gouverneur Mario Cuomo von New York oder der *Speaker* des Repräsentantenhauses Thomas Foley. Die Abgeordnete Marjorie Margolies-Mezvinsky, die die entscheidende Stimme bei der Verabschiedung des Wirtschaftsprogramms des Präsidenten abgegeben hatte, verlor ebenfalls ihre Wiederwahl[175].

Der Präsident nahm die Niederlage seiner Partei sehr persönlich, da er nicht nachvollziehen konnte, weshalb seine Wirtschaftspolitik von den Wählern nicht honoriert worden war. Wähleranalysen zeigten, daß die unabhängigen Wähler, die in den drei vorhergehenden Wahlen mit 54% die Demokratische Partei gewählt hatten, 1994 mit 56% zu den Republikanern übergelaufen waren[176]. Da Wahlen in den Vereinigten Staaten immer im mittleren Wählerspektrum entschieden werden, mußte der Präsident, der für 1996 seine Wiederwahl anstrebte, diese Wählergruppe zurückgewinnen.

Deshalb begann er kurz nach der Wahl, seine Politik in pragmatischer Weise an die neuen Mehrheitsverhältnisse im Kongreß anzupassen und den neuen republikanischen Kongreßführern Newt Gingrich, dem zukünftigen *Speaker* des Repräsentantenhauses, und Senator Bob Dole Kompromißbereitschaft zu signalisieren. Am 15. Dezember 1994 wandte sich der Präsident in einer Rede an die Nation. Diese Rede, die den Vorschlag einer „Middle Class Bill of Rights"[177] enthielt, ließ deutlich die Absicht Bill

---

[174] s. Drew (1995), S. 440f.

[175] s. TIME-Magazine vom 21. November 1994.

[176] Campbell/Rockman, S. 202.

[177] Drew (1996), S. 20.

Clintons erkennen, seine verlorene Unterstützung in der Mittelklasse zurückzugewinnen. Er sagte:

*„Dies ist ein großes Land mit vielem, worauf man stolz sein kann, aber jedermann weiß,
daß es mit Amerika nicht zum besten steht, daß Millionen Amerikaner leiden, frustriert
sind, enttäuscht, sogar zornig... Allzu lange mußten allzu viele Amerikaner für stagnie-
rende Löhne und bei sinkender Sicherheit immer länger arbeiten... Das müssen wir ändern...*

*Vor fünfzig Jahren schlug ein amerikanischer Präsident die GI-Charta vor... Heute a-
bend möchte ich eine Charta der Mittelschicht vorschlagen... Ich schlage vor, daß die
gesamten Ausbildungskosten...voll absetzbar sein sollen, und zwar stufenweise bis zu 10
000 Dollar im Jahr bei Familien mit einem Jahreseinkommen bis zu 120000 Dollar...
Das alles können wir finanzieren, wenn wir die Staatsausgaben weiterhin verringern,
einschließlich der Subventionen an mächtige Interessen... Ich weiß, daß manche Leute
die Staatsausgaben blindlings reduzieren wollen. Das mag populär sein. Aber ich werde
es nicht tun. Ich will einen schlankeren und nicht einen billigeren Staat, und ich will
einen, der wieder auf der Seite der schwerarbeitenden Amerikaner steht. "*[178]

In seiner Rede zur Lage der Nation am 25. Januar 1995 zeigte sich der Präsident auf der einen Seite versöhnlich gegenüber dem neuen republikanischen Kongreß, verhehlte aber auf der anderen Seite auch nicht die Vorstellungen und Ziele, die er zu verfolgen gedachte. In diesem Zusammenhang brachte er die Grenzen seiner Kompromißbereitschaft sehr deutlich
zum Ausdruck. Hier einige Auszüge aus der Rede:

*„We propose to cut $130 billion in spending by shrinking departments, extending our
freeze on domestic spending, cutting 60 public housing programs down to 3, getting rid
of over a hundred programs we do not need...*

*Now, my budget cuts a lot. But it protects education, veterans, Social Security and Me-
dicare, and I hope you will do the same thing... Should we cut the deficit more? Well of
course we should. Of course we should. But we can bring it down in a way that still
protects our economic recovery and does not unduly punish people who should not be
punished, but instead should be helped...*

---

[178] Reich, S. 310ff.

Anyone of us can call for a tax cut, but I won't accept one that explodes the deficit or puts our recovery at risk. ... In the budget I will send you, the middle-class bill of rights is fully paid for by budget cuts in bureaucracy, cuts in programs, cuts in special interest subsidies. And the spending cuts will more than double the tax cuts. My budget pays for the middle-class bill of rights without any cuts in Medicare, and I will oppose any attempts to pay for tax cuts with Medicare cuts. "[179]

Doch auch nach seinem Auftritt vor dem neuen 104. Kongreß wußte der Präsident, daß die in seiner Rede zur Lage der Nation enthaltenen Maßnahmen und Forderungen angesichts des „divided government" wohl nicht oder nur zu einem geringen Teil berücksichtigt werden würden. Denn der republikanische Kongreß wollte die ihm zustehenden Haushaltsvollmachten bis ins Äußerste nutzen, um den *Contract with America* umzusetzen.

3. Der Budgetstreit mit dem republikanischen Kongreß 1995/96

Am 6. Februar 1995 leitete Präsident Clinton dem Kongreß seinen Budgetentwurf zu[180], der u.a. das von den Republikanern propagierte Ziel eines ausgeglichenen Haushalts nicht beinhaltete. Vielmehr wollte der Präsident bis zum Jahr 2000 das Haushaltsdefizit auf 200 Milliarden Dollar begrenzen[181]. Der Plan des Weißen Hauses sah zwar Steuersenkungen für die Mittelklasse und Unternehmen vor; sie blieben jedoch weit hinter den republikanischen Forderungen zurück. Dies traf auch für die geplanten Kürzungen zu, die nach Meinung der Regierung nicht auf Kosten der Sozialprogramme gehen sollten[182].

Man hat Clintons Etatentwurf als wenig innovativ oder mager bezeichnet, doch der Präsident wußte, daß seine Haushaltsvorschläge, im Vergleich zu den beiden vorangegangenen Jahren, keine Beachtung finden würden. Tatsächlich wurde der Budgetvorschlag des Präsidenten im Senat mit 99 zu

---

[179] http://www.washingtonpost.com/wp-srv/politics/special/states/docs/sou95.htm
[180] Drew (1996), S. 69.
[181] Drew (1996), S. 71.
[182] Klages, S. 191.

null Stimmen abgelehnt[183]. Vorerst wartete die Clinton-Administration ab, welche Entscheidungen der republikanische Kongreß treffen würde, und begrenzte sich aufs Beobachten und Reagieren.

Die republikanische Kongreßmehrheit versuchte von Anfang an, die im *Contract with America* festgeschriebenen Ziele und Forderungen in die Tat umzusetzen. Da die Republikaner Steuersenkungen in Höhe von 200 Milliarden Dollar in fünf Jahren – bzw. insgesamt 700 Milliarden Dollar in zehn Jahren[184] – planten, mußten die dadurch sinkenden Staatseinnahmen durch Kürzungen im Sozialbereich aufgefangen werden, u.a. bei Aus- und Weiterbildungsprogrammen, Unterstützungsprogrammen, Armenküchen oder Baumaßnahmen. Die Kürzungen bei den Ernährungsprogrammen, die sowohl den Armen als auch der unteren Mittelschicht zugute kamen, boten dem Weißen Haus eine Gelegenheit, die republikanischen Pläne als überzogen darzustellen. Auf einer Pressekonferenz am 22. Februar 1995 sagte der Präsident: *„We have no intention of abandoning the American people to unproved theories and extreme positions“.*[185]

Die Arbeit an den beiden „budget resolutions" von Repräsentantenhaus und Senat dauerte bis zum 9. bzw. 10. Mai 1995. Die Republikaner, die innerhalb von sieben Jahren den Haushalt ausgleichen wollten, planten nun nicht mehr Steuersenkungen von 200 Milliarden Dollar, sondern von 353 Milliarden Dollar, da sie u.a. von einer positiven wirtschaftlichen Entwicklung ausgingen. Die Steuersenkungen und der anvisierte Haushaltsausgleich sollten u.a. durch die Herabsenkung der Obergrenzen für nicht von Leistungsgesetzen herrührenden Ausgaben aufgefangen werden. Außerdem sollten Sozialhilfe-, Infrastruktur-, Ausbildungs- und Ernährungsprogramme gekürzt bzw. abgeschafft und Investitionen zurückgeschraubt werden. Beide Haushaltsausschüsse beschlossen beispielsweise tiefe Einsparungen

---

[183] Bierling, S. 39.
[184] Drew (1996), S. 127.
[185] Drew (1996), S. 135.

beim Medicare- und Medicaid-Programm: Der Senatsausschuß wollte Medicare um 256 Milliarden und Medicaid um 202 Milliarden Dollar stutzen; der Ausschuß des Repräsentantenhauses sah entsprechende Kürzungen von 288 Milliarden bzw. 198 Milliarden Dollar vor. Der Budgetvorschlag des Senats beinhaltete außerdem die Eliminierung von 100 Bundesprogrammen, während das Repräsentantenhaus 280 Programme abschaffen wollte.

Aufsehen erregten die Pläne des Repräsentantenhauses, das Handels-, Erziehungs- und Energieministerium aufzulösen. Der Senat befürwortete lediglich die Schließung des Handelsministeriums. Auch beim Verteidigungsetat verhielt sich der Senat bescheidener: Während sich der Senats-Haushaltsausschuß dem Vorschlag des Präsidenten anschloß, die Verteidigungsausgaben einzufrieren, forderte der Haushaltsausschuß des Repräsentantenhauses über die nächsten fünf Jahre einen Anstieg der Verteidigungsausgaben um 67 Milliarden Dollar[186]. Insgesamt beliefen sich die vom Senat geplanten Ausgabenkürzungen um 961 Milliarden Dollar, während das Repräsentantenhaus eine Einsparungssumme von 1,4 Billionen Dollar plante[187].

Angesichts der Schwäche der Demokratischen Partei und wegen der großen Einigkeit unter den republikanischen Kongreßmitgliedern schien die Verabschiedung der beiden „budget resolutions" sicher. Am 17. Mai 1995 verabschiedete das Repräsentantenhaus dann auch mit 238 zu 193 Stimmen seine Budgetresolution. Am 25. Mai 1995 folgte der Senat, der seinen Haushaltsvorschlag mit 57 zu 42 Stimmen absegnete, wobei die drei demokratischen Senatoren Charles Robb aus Virginia, Sam Nunn aus Georgia und Bob Kerrey aus Nebraska ebenfalls für die republikanische Haushaltsvorlage votierten[188].

---

[186] Drew (1996), S. 208f.

[187] TIME-Magazine vom 22. Mai 1995.

[188] Drew (1996), S. 211f. Siehe auch Mannheimer Morgen vom 27. Mai 1995.

Nach den Budgetbeschlüssen in Repräsentantenhaus und Senat, mußte der Präsident reagieren, da er erstens die von den Republikanern verfolgte Politik nicht billigen konnte und zweitens dem Kongreß nicht freie Hand in der Haushaltspolitik lassen wollte. Dabei mußte Bill Clinton dem Kongreß, dessen Handeln durch das Wahlergebnis vom November 1994 legitimiert war, Kompromißbereitschaft signalisieren, besonders wenn er sein Bild eines in der Mitte angesiedelten „New Democrat" wiederbeleben wollte. Deshalb entschied sich der Präsident, dem Kongreß einen zweiten Haushaltsvorschlag zu unterbreiten, der den Bundeshaushalt innerhalb von zehn Jahren ausgleichen sollte[189].

Am 13. Juni 1995 stellte Bill Clinton seinen neuen Haushaltsplan in einer Rede an die Nation vor. Sein Budget sollte durch Einsparungen von 1,1 Billionen Dollar in den folgenden zehn Jahren ausgeglichen werden. Dieses Ziel sollte ohne neue Steuererhöhungen und ohne einschneidende Kürzungen im Sozialbereich erreicht werden. Das Weiße Haus hielt an den bereits im Dezember 1994 angekündigten Steuersenkungen für die Mittelklasse fest, kündigte aber Kürzungen von 125 Milliarden Dollar bei Medicare an. Da die Wirtschaftsberater des Präsidenten für den neuen Budgetvorschlag die günstigeren Zahlen vom *Office of Management and Budget* verwendet hatten, war die Kürzungssumme bei Medicare fast dreimal so niedrig wie in der „budget resolution" des Repräsentantenhauses vorgesehen[190].

Die Rede wurde bei der demokratischen Kongreßminderheit mit Mißgunst aufgenommen, da sich der Präsident republikanische Positionen zu eigen machte, die er noch wenige Monate zuvor abgelehnt hatte, wie z.B. Kürzungen bei Medicare oder das Ziel eines ausgeglichenen Haushalts. Bill Clinton fand sich zwischen allen Stühlen wieder: den Demokraten war er zu kompromißbereit, die Republikaner wünschten sich noch mehr Zugeständnisse.

---

[189] s. Klages, S. 193.
[190] Drew (1996), S. 234f.

Der neue Vorschlag der Clinton-Administration beeinflußte jedoch in keiner Weise die Arbeit des Vermittlungsausschusses, der seit Ende Mai 1995 versuchte, die voneinander abweichenden Budgetresolutionen des Repräsentantenhauses und des Senats anzugleichen. Ende Juni 1995 konnte eine „joint-budget-resolution" präsentiert werden, die u.a. die Staatsausgaben in den folgenden sieben Jahren um eine Billion Dollar reduzieren wollte. Das Gesundheitsprogramm Medicare sollte um 270 Milliarden Dollar und der Wohlfahrtsetat um 100 Milliarden Dollar gekürzt werden. Die Steuern sollten um 245 Milliarden gesenkt werden. Verabschiedet wurde der gemeinsame Haushaltsplan des Kongresses am 29. Juni 1995. Das Repräsentantenhaus stimmte ihm mit 239 gegen 194 Stimmen und der Senat mit 54 gegen 46 Stimmen zu[191].

Die Regierung, die weiterhin die Höhe der vom Kongreß geplanten Einschnitte im sozialen Bereich ablehnte, machte durch die Direktorin des *Office of Management and Budget*, Alice Rivlin, ihre Position erneut deutlich:

„The Administration believes strongly that the objective of budget policy should be to raise the standard of living for average Americans in the long run. A plan that balances the budget will help to do so... But in balancing the budget, we should not sacrifice the important public investments in education and training, science and technology, and other priorities that also will raise living standards. "[192]

Neben ihrem auf sieben Jahre angelegten Haushaltsplan mußten die Republikaner auch die Verabschiedung des Bundeshaushaltes 1995/96 vorantreiben, der natürlich auf den neuen Budgetvorgaben basieren und ein erster Schritt in Richtung eines ausgeglichenen Haushalts sein sollte. Da die „appropriations bills" pünktlich verabschiedet werden mußten und die Republikaner angesichts ihres ehrgeizigen Programms seit Januar 1995 nicht die Zeit gehabt hatten, alle ihnen unliebsamen Programme, Behörden oder Bestimmungen zu ändern oder abzuschaffen, entschieden sie sich, die von ih-

---

[191] Rhein-Neckar-Zeitung vom 1. Juli 1995.

[192] Klages, S. 194.

nen in diesem Zusammenhang geplanten Politikentwürfe in die Haushaltsgesetze aufzunehmen. Auf diese Weise gelangten Vorhaben wie Mittelkürzungen für Umweltbehörden, die Abschaffung des *Council of Economic Advisers,* die Sperrung von Hilfsgeldern an Mexiko oder verschärfte Abtreibungsrichtlinien in die „appropriations bills"[193].

Außerdem verfolgte die republikanische Kongreßmehrheit die Abschaffung von Bundesbehörden. Dagegen regte sich aber nun auch Widerstand in den republikanischen Reihen, denn die gemäßigten Republikaner wollten die seit Januar 1995 von den „freshmen"[194] getragene konservative Politik nicht länger vorbehaltlos mittragen. Deshalb wurde ein Gesetzesvorschlag des konservativen Abgeordneten Cliff Stearns, der die Abschaffung der „National Endowment for the Arts" (N.E.A.)[195] innerhalb von zwei Jahren vorsah, im Repräsentantenhaus mit 227 zu 179 Stimmen abgelehnt[196]. Ebenso mußte die republikanische Kongreßführung erkennen, daß ohne die Zustimmung der moderaten Republikaner, die „appropriations bills" für das Veteranen-, Wohnungsbau-, Arbeits-, Gesundheits- und Erziehungsministerium nicht verabschiedet werden könnten und daher innerhalb der republikanischen Fraktion die Einigkeit wiederhergestellt werden müsse. Der Präsident und die demokratische Kongreßminderheit wollten auf der anderen Seite diese Situation ausnutzen und die Haushaltsgesetze zusammen mit gemäßigten Republikanern zu Fall bringen. Doch die Parteidisziplin obsiegte und das Haushaltsgesetz, das das Veteranen- und Wohnungsbauministerium und andere Behörden finanzieren sollte, wurde mit 228 zu 193

---

[193] Drew (1996), S. 256f. und S. 259f.

[194] Der Begriff „freshman" bezeichnet einen Abgeordneten, der in seiner ersten Amtszeit steht; hier sind es die republikanischen Abgeordneten, die 1994 gewählt worden waren und die ausgesprochen konservativ eingestellt waren, da sie u.a. von konservativ-religiösen Organisationen wie die „Christian Coalition" Wahlunterstützung erhalten hatten.

[195] Nationale Kulturstiftung

[196] Drew (1996), S. 263.

Stimmen im Repräsentantenhaus verabschiedet[197]. Später sollte der Präsident jedoch sein Veto gegen dieses Haushaltsgesetz einlegen.

Die Abstimmung über die „appropriations bill" für das Arbeits-, Gesundheits- und Erziehungsministerium war ebenfalls ungewiß, da gemäßigte Republikaner im Vorfeld angekündigt hatten, die im Gesetz enthaltenen Kürzungen und Streichungen nicht mittragen zu wollen. U.a. wurden in diesem Haushaltsposten 170 Programme abgeschafft, Erziehungs- und Schulprogramme erheblich gekürzt und die Finanzierung der Sommerjobs, die arbeitslose Jugendliche von der Straße holen sollten, eingestellt. Insgesamt sah das Haushaltsgesetz im Vergleich zum Vorjahr eine Gesamtkürzungssumme von 9,1 Milliarden Dollar vor[198]. Obwohl der *Speaker,* Newt Gingrich, letzte Überzeugungsarbeit geleistet hatte, war die Endabstimmung am 4. August 1995 denkbar knapp: die „appropriations bill" wurde mit 219 zu 208 Stimmen verabschiedet, mit nur einer Stimme über der erforderlichen absoluten Mehrheit. 18 Republikaner hatten gegen und 6 Demokraten für das Gesetz gestimmt[199]. In den nun folgenden Monaten konnte dieses Haushaltsgesetz wegen der Obstruktionspolitik der Demokraten nicht vom Senat verabschiedet werden.

Obwohl einige Haushaltsgesetze die parlamentarischen Hürden nehmen konnten, blieb die Gesamtkonzeption der Budgetpolitik zwischen Kongreß und Präsident weiterhin umstritten. Die Streitpunkte waren v.a. der Zeitrahmen für einen ausgeglichenen Haushalt, die Höhe der Steuersenkungen und die Finanzierung des Erziehungswesens und der Programme Medicare und Medicaid. Da der siebenjährige republikanische Wirtschaftsplan in laufende Haushalts- bzw. Leistungsgesetze eingriff, mußte das „reconciliation"-Verfahren angewandt werden. Für die endgültige „reconciliation-bill" des Kongresses war die Zustimmung des Präsidenten erforderlich, und eine

---

[197] Drew (1996), S. 267.
[198] Drew (1996), S. 268.
[199] Drew (1996), S. 272.

Einigung über die strittigen Punkte lag deshalb auch im Interesse der republikanischen Führung um Newt Gingrich und Bob Dole. Gingrich wünschte sich Gespräche mit dem Weißen Haus, um bis Mitte November eine Einigung in die Wege zu leiten. Doch die Clinton-Administration sträubte sich gegen ernsthafte Gespräche, die der Präsident erst nach der Verabschiedung der „reconciliation bill" beginnen wollte. Denn er wollte die Konsequenzen der neuen Politik nicht von Anfang an mittragen und versuchte so, die Republikaner politisch zu schwächen. Die halbherzigen Gespräche, die trotz dieser Tatsache im Gange gewesen waren, wurden am 10. Oktober 1995 von seiten der republikanischen Kongreßführer abgebrochen, nachdem Vize-Präsident Gore Newt Gingrich in der Öffentlichkeit als Extremisten bezeichnet hatte[200].

Ende September 1995 war die Mehrzahl der „appropriations bills" für das Haushaltsjahr 1995/96 noch nicht vom Kongreß gebilligt worden. Am 28. September, drei Tage vor Beginn des neuen Haushaltsjahres, einigten sich die Republikaner und der Präsident auf eine „continuing resolution", die die Bundesverwaltung bis zum 13. November 1995 weiterfinanzieren sollte[201], denn die US-Bundesverfassung regelt in keiner Weise die Nothaushaltsgesetzgebung. Verweigert der Kongreß der Bundesregierung eine „continuing resolution" muß die gesamte Verwaltung im wahrsten Sinne des Wortes schließen.

Der Kampf zwischen Kongreß und Weißem Haus ging unterdessen im Oktober in eine neue Runde. Es drehte sich v.a. um die Kürzungen beim Gesundheitsprogramm Medicare. Die Republikaner planten, das Programm um 270 Milliarden Dollar zu kürzen bzw. die Ausgabensteigerung um diese Summe zu drosseln. Demnach sollten die Medicare-Ausgaben nicht mehr um 9,9 % steigen, sondern um 7,2 %[202]. Bill Clintons Wirtschaftsprogramm

---

[200] Drew (1996), S. 313.

[201] Drew (1996), S. 315.

[202] Drew (1996), S. 316.

von 1993 hatte übrigens in diesem Zusammenhang ebenfalls Kürzungen von 6% bis 7% vorgesehen, eine Tatsache, die die Demokraten 1995 aber vergessen machen wollten. Tatsächlich lagen die Medicare-Pläne des Kongresses und des Präsidenten nahe beieinander: Im Jahre 2002 wollten die Republikaner die Medicare-Ausgaben auf eine Höhe von 289 Milliarden Dollar drücken, während die Clinton-Administration im Jahre 2002 eine Ausgabensumme von 295 Milliarden Dollar vorsah[203].

Da die Republikaner die Abstimmungschancen über die „reconciliation bill" verbessern wollten, isolierten sie die Medicare-Pläne von der „reconciliation bill" und brachten am 19. Oktober 1995 ein eigenständiges Medicare-Gesetz im Kongreß ein. Obwohl der Präsident sein Veto gegen ein solches Gesetz angedroht hatte, wurde die „Medicare bill" mit 231 zu 201 Stimmen im Repräsentantenhaus verabschiedet. Nur sechs republikanische Abgeordnete verweigerten dem Gesetz ihre Zustimmung, vier Demokraten stimmten dafür[204].

Nach der erfolgreichen Verabschiedung der Kürzungen beim Gesundheitsprogramm, standen nun die Abstimmungen der „reconciliation bills" in Senat und Repräsentantenhaus auf der Tagesordnung. Beide Gesetzestexte sahen große Kürzungen im Sozialbereich und Steuersenkungen von 245 Milliarden Dollar vor mit dem Ziel, den Bundesetat bis zum Jahre 2002 vollständig auszugleichen. Am 26. Oktober 1995 stimmte das Repräsentantenhaus mit 227 zu 203 Stimmen seiner „reconciliation bill" zu, wobei zehn Republikaner dagegen votierten. Zwei Tage später, am 28. Oktober 1995, verabschiedete der Senat mit 52 zu 47 Stimmen sein „reconciliation"-Gesetz. Bei den Republikanern stimmte lediglich Senator William S. Cohen aus Maine[205] gegen das Gesetzespaket, da er die darin festgesetzten

---

[203] ebd.

[204] Siehe Mannheimer Morgen vom 21./22. Oktober 1995 und Drew (1996), S. 318f.

[205] William S. Cohen verließ im Januar 1997 nach drei Amtszeiten den Senat und wurde im gleichen Monat von Präsident Clinton zum Verteidigungsminister ernannt.

Steuersenkungen ablehnte. Nach den Abstimmungen wiederholte der Präsident seine Drohung, gegen das republikanische Haushaltsprogramm sein Veto einzulegen, weil darin „extreme und falsche Haushaltsprioritäten" verankert seien[206].

Anfang November 1995 mußte erneut über eine weitere „continuing resolution" verhandelt werden, da die erste am 13. November 1995 auslaufen würde. Außerdem stand im Kongreß die regelmäßig zu billigende Anhebung des gesetzlichen Verschuldungsrahmens an. Durch diese Maßnahme wird die Kreditaufnahmefähigkeit des Bundes gewährleistet, der sich bei der Verschuldung an einen nicht zu überschreitenden Nominalwert halten muß[207]. Die Republikaner sahen bei beiden nun fälligen Entscheidungen eine Möglichkeit, den Präsidenten und seine Regierung unter Druck zu setzen. Wie sie es bereits bei den „appropriations bills" getan hatten, wurden in der neuen „continuing resolution" und in der „debt limit bill" Maßnahmen und Politikentwürfe inkorporiert, die mit den eigentlichen Gesetzen im Grunde nichts zu tun hatten. Beispielsweise enthielt das Gesetz zur Erhöhung des Verschuldungsrahmens eine Bestimmung, die den Präsidenten auf einen ausgeglichenen Haushalt innerhalb von sieben Jahren verpflichten sollte. Der Präsident sollte dazu die Zahlen des *Congressional Budget Office* verwenden, das die wirtschaftliche Situation nicht so positiv bewertete wie das *Office of Management and Budget* im Präsidialamt. Auch Bestimmungen zu Medicare fanden in den Gesetzesentwürfen Einzug[208]. Dadurch sollte der Präsident gezwungen werden, zwischen zwei Übeln zu wählen: Entweder er entschied sich, die Gesetze durch seine Unterschrift in Kraft zu setzen und seine politischen Vorstellungen durch die eigene Unterschrift zu begraben, oder er verweigerte seine Zustimmung und verschärfte den Budgetstreit bis hin zu einer Schließung der gesamten Bundesverwaltung.

---

[206] Rhein-Neckar-Zeitung vom 30. Oktober 1995.

[207] Klages, S. 195.

[208] s. Drew (1996), S. 322f.

Am 8. November 1995 verabschiedete das Repräsentantenhaus und einen Tag später der Senat sowohl die „continuing resolution" als auch die „debt limit bill" mit Zusätzen, die die republikanischen Ziele und Vorstellungen enthielten. Denn die Republikaner glaubten erstens nicht, daß Bill Clinton die Schließung der Bundesregierung riskieren würde und zweitens erwarteten sie, daß in einem solchen Fall der Präsident größeren politischen Schaden erleiden würde als der republikanisch beherrschte Kongreß. Doch der Präsident entschied sich, von seinem Vetorecht Gebrauch zu machen.

Am Morgen des 13. November 1995 legte Präsident Bill Clinton offiziell sein Veto gegen die beiden vom Kongreß verabschiedeten Gesetze ein. In der Zeremonie im *Oval Office*[209] erklärte er:

„The Republican Congress has failed to pass most of its spending bills, but instead has sought to impose some of its most objectionable proposals on the American people by attaching them to bills to raise the debt limit and to keep the government running."[210]

Da ein Krisengipfel zwischen dem Präsidenten und den republikanischen Kongreßführern am Abend des 13. November keine Lösung bringen konnte, mußte ein erheblicher Teil der Regierungsverwaltung am 14. November geschlossen werden. Davon waren etwa 800 000 der 2,1 Millionen Regierungsangestellten betroffen, die ihre Arbeit nicht ausüben konnten[211]. Obwohl das Repräsentantenhaus am 13. November ein Gesetz verabschiedete, das die Zwangsbeurlaubung der Staatsbeamten beenden sollte, legte der Präsident wiederum sein Veto ein, da das Gesetz erneut Zusätze enthielt, denen er nicht zustimmen wollte[212]. Am 15. November 1995 stimmte das Repräsentantenhaus einer neuen „continuing resolution" mit 277 gegen 151 Stimmen zu. 48 Demokraten hatten sich dem Gesetzentwurf angeschlos-

---

[209] Das *Oval Office* ist das offizielle Büro des Präsidenten, das sich jedoch nicht im eigentlichen Weißen Haus befindet, sondern in dem *West Wing* genannten Seitengebäude, das seit 1902 die Verwaltungsräume des Präsidialamtes beherbergt.

[210] Drew (1996), S. 325f.

[211] Rhein-Neckar-Zeitung vom 14. November 1995.

[212] Rhein-Neckar-Zeitung vom 17. November 1995.

sen[213]. Die Demokratische Partei unterstützte also nicht geschlossen die harte Politik des Präsidenten.

Mitten in dieser Kraftprobe zwischen Präsident und Kongreß konnte das Repräsentantenhaus[214] und der Senat am 17. November 1995 eine „compromise reconciliation bill" verabschieden, die die beiden Ende Oktober verabschiedeten „reconciliation bills" einander anglich und den endgültigen republikanischen Haushaltsplan enthielt. Die gesamten vorgesehenen Kürzungen sollten sich auf 894 Milliarden Dollar belaufen, wobei der Großteil auf die Sozialprogramme Medicare (270 Milliarden Dollar) und Medicaid (163 Milliarden Dollar) entfiel[215]. Auch Einkommensteuerbegünstigungen wurden gestrichen. Die Steuerentlastungen waren mit 245 Milliarden Dollar veranschlagt und sollten v.a. Familien mit einem durchschnittlichen Jahreseinkommen von unter 110 000 Dollar zugute kommen. Außerdem erstreckten sich die Steuersenkungen auch auf die Kapitalertrags- und Gewerbesteuern. Das republikanische Programm hatte hauptsächlich die republikanischen Wählergruppen im Auge und sah die Stärkung der Bundesstaaten vor, die zukünftig verstärkt die Umsetzung von Bundesprogrammen organisieren sollten[216]. Der Präsident reagierte auf die Verabschiedung des sogenannten „Balanced Budget Act of 1995" mit einer Veto-Drohung und verkündete:

„I'm not going to go for it. Ninety days, 120 days, 180 days, if we take it right into the next election, let the American people decide. "[217]

Dennoch konnten sich Präsident und Kongreß nach beinahe einer Woche Stillstand auf eine neue „continuing resolution" einigen. Dank der von Finanzminister Robert Rubin verfolgten Politik, hatten die Vereinigten Staa-

---

[213] Drew (1996), S. 334.

[214] 237 Ja-Stimmen zu 189 Nein-Stimmen

[215] TIME-Magazine vom 27. November 1995, S. 59.

[216] s. Drew (1996), S. 326f.

[217] TIME-Magazine vom 27. November 1995, S. 59.

ten ihre internationale Zahlungsfähigkeit erhalten können. Rubin hatte aus Pensionskassen für Staatsangestellte 61,3 Milliarden Dollar entliehen, um Zinszahlungen auf die Bundesschuld begleichen zu können[218].

Die Kompromißbereitschaft lag jedoch v.a. auf seiten des Präsidenten, der einem ausgeglichenen Haushalt bis zum Jahr 2002 zustimmen und dabei die Zahlen vom Haushaltsbüro des Kongresses berücksichtigen mußte. Nachdem der Senat und das Repräsentantenhaus am 19. bzw. 20. November 1995 das neue Überbrückungsgesetz verabschiedet hatten, konnte die Bundesverwaltung ihre Arbeit wieder aufnehmen. Bis zum 15. Dezember 1995 war die Finanzierung des Regierungsapparates gewährleistet. Dabei orientierte man sich am Finanzrahmen des Vorjahres; Bundesprogramme oder Behörden, die nach den Plänen der Republikaner abgeschafft werden sollten – wie beispielsweise das Handelsministerium – erhielten nur noch 75% der im Vorjahr bewilligten Finanzmittel[219].

Doch damit war die Haushaltskrise nicht beendet; vielmehr sollten Gespräche bis zum 15. Dezember eine endgültige Lösung des Budgetstreites herbeiführen. Die erste Gesprächsrunde wurde nach drei Tagen ergebnislos abgebrochen. Am 5. Dezember stimmte die Clinton-Administration endgültig einem ausgeglichenen Haushalt in sieben Jahren zu[220]. Am 7. Dezember legte die Regierung einen entsprechenden Haushaltsplan vor, der – wie im Clinton-Plan vom Juni 1995 schon vorgesehen war – Medicare-Kürzungen von 125 Milliarden Dollar und zusätzliche Einsparungen von 140 Milliarden Dollar enthielt. Der Präsident schlug darüberhinaus eine Mindestlohnerhöhung von 0,45 Dollar pro Stunde vor[221].

---

[218] TIME-Magazine vom 27. November 1995, S. 58. Siehe auch Klages, S. 196.

[219] Drew (1996), S. 340f. und siehe auch Mannheimer Morgen vom 21. November 1995.

[220] Drew (1996), S. 345.

[221] Rhein-Neckar-Zeitung vom 9. Dezember 1995.

Der neue Budgetvorschlag Bill Clintons wurde noch am selben Tag von den Republikanern abgelehnt. Diese Reaktion schien darauf hinzudeuten, daß die Bundesverwaltung nach dem 15. Dezember 1995 erneut geschlossen werden würde. Obwohl sich die Positionen ein wenig angenähert hatten, schien eine Lösung nicht in Sicht. Am 15. Dezember 1995 präsentierten die Republikaner einen neuen Etatentwurf, der 135 Milliarden Dollar an Mehrausgaben vorsah, die geplanten Steuersenkungen von 245 Milliarden Dollar auf 240 Milliarden Dollar reduzierte und auch weniger Mittelkürzungen bei den Programmen Medicare und Medicaid einplante[222]. Der Präsident blieb jedoch bei seiner in der Öffentlichkeit vertretenen Haltung. Am 9. Dezember hatte er erklärt:

„Falls notwendig, werde ich die tiefen Einschnitte in der Gesundheitsversorgung ...wieder und wieder und wieder mit einem Veto zurückweisen."[223]

Am 15. Dezember sagte er dann vor der Presse:

„It is wrong for the Republicans to insist that I make deep cuts in Medicare and Medicaid or they'll shut the government down... I would not give in to such a threat last month, and I will not give in today."[224]

Da der Präsident sich weiterhin weigerte, nur die Zahlen des Haushaltsbüros des Kongresses für die Zusammenstellung eines ausgeglichenen Haushalts zu benutzen und aufgrund von Unstimmigkeiten unter den Republikanern über das weitere Vorgehen, entschied sich die republikanische Führung gegen die Verabschiedung einer neuen „continuing resolution"[225]. Somit mußten am 16. Dezember 1995 wieder Hunderttausende Regierungsbeamte – v.a. Angestellte im Außen-, Handels-, Bildungs-, Justiz- und Arbeitsministerium[226] – in den Zwangsurlaub geschickt werden. Es konnte

---

[222] Drew (1996), S. 348.

[223] Rhein-Neckar-Zeitung vom 11. Dezember 1995.

[224] Drew (1996), S. 349.

[225] s. Drew (1996), S. 350ff.

[226] Rhein-Neckar-Zeitung vom 19. Dezember 1995.

keiner ahnen, daß die erneute Schließung der amerikanischen Bundesverwaltung bis zum 5. Januar 1996 dauern würde.

Unterdessen gingen die Verhandlungen zwischen Weißem Haus und Kongreß weiter. Das Ziel der Clinton-Administration war die Erarbeitung eines innerhalb von sieben Jahren ausgeglichenen Haushalts, der sowohl die Zustimmung eines wichtigen Teils der Demokraten als auch die Prioritäten des Präsidenten sichern würde. Unter anderem sah der neue Vorschlag weniger Steuersenkungen und weniger Kürzungen bei Leistungsgesetzen vor, bei nicht von Leistungsgesetzen berührten Ausgaben sollte aber erheblich gekürzt werden. Dieser neueste Budgetplan gelangte zuerst nicht an die Öffentlichkeit[227].

Anfang Januar 1996 waren sechs der dreizehn „appropriations bills" noch nicht verabschiedet worden. Drei Haushaltsgesetze – u.a. das Gesetz für das Veteranen- und Wohnungsbauministerium, für das Innenministerium sowie für das Verteidigungsministerium[228] – benötigten eine Zweidrittelmehrheit, da der Präsident hier sein Veto eingelegt hatte; über zwei weitere Bewilligungsgesetze konnten sich die Republikaner untereinander nicht einigen und die „appropriations bill" für das Arbeits-, Erziehungs- und Gesundheitsministerium wurde von den Demokraten im Senat blockiert[229].

Der politische Druck auf die Republikaner, die in der Öffentlichkeit hauptsächlich für die verwirrende Situation verantwortlich gemacht wurden, stieg jedoch weiter an, so daß das Repräsentantenhaus und der Senat am 5. Januar 1996 eine „continuing resolution" verabschiedeten, die bis zum 26. Januar befristet war. Somit konnten Tausende von Staatsangestellten wieder an ihre Arbeitsplätze zurückkehren[230].

---

[227] s. Drew (1996), S. 361.

[228] s. Rhein-Neckar-Zeitung vom 5. Januar 1996.

[229] Drew (1996), S. 363f.

[230] Drew (1996), S. 367. Siehe auch Rhein-Neckar-Zeitung vom 8. Januar 1996.

Am 6. Januar 1996 präsentierte der Präsident seinen im Dezember 1995 ausgearbeiteten Haushaltsplan, der bis zum Jahre 2002 den Bundesetat ausgleichen sollte und auf den Zahlen des Haushaltsbüros des Kongresses basierte. Gleichzeitig verkündeten die Republikaner, die Steuern nur noch um 185 Milliarden Dollar (ursprünglich 245 Milliarden Dollar) senken zu wollen, und Medicaid nur noch um 85 Milliarden Dollar (ursprünglich 163 Milliarden Dollar) zu kürzen. Doch die beiden Haushaltspläne des Weißen Hauses und des Kongresses lagen weiterhin um 131 Milliarden Dollar auseinander, v.a. bei den Etatposten, die sich auf Medicare, Medicaid und die anderen Sozialausgaben bezogen[231].

Am 9. Januar 1996 begannen erneute Gespräche zwischen der Clinton-Administration und den Republikanern. Diese schlugen eine niedrigere Steuersenkungssumme von insgesamt 177 Milliarden Dollar vor, wobei Newt Gingrich auch eine Summe von 152 Milliarden Dollar als Kompromiß ins Auge faßte. Der Präsident plante, die Steuern um 98 Milliarden Dollar zu senken. Außerdem wollte die Regierung ihre geplanten Kürzungen bei Medicare von 102 Milliarden Dollar auf 124 Milliarden erhöhen, wobei die Republikaner hier Kürzungen von 168 Milliarden planten. Bei Medicaid waren die Unterschiede noch größer. Während Clinton eine Streichungssumme von 37 Milliarden Dollar anstrebte, wollten die Republikaner nicht nur Medicaid um 117 Milliarden Dollar kürzen, sondern das Programm auch den einzelnen Bundesstaaten zur Verwaltung und Verteilung überschreiben. Da die Unterschiede weiterhin als unüberbrückbar erschienen, wurden die Gespräche abgebrochen[232].

Am 10. Januar 1996 verkündete Newt Gingrich, der *Speaker* des Repräsentantenhauses, daß es mit dem Präsidenten „vielleicht überhaupt keine Einigung vor den Präsidentschaftswahlen im November geben" werde[233].

---

[231] Drew (1996), S. 368ff.

[232] Drew (1996), S. 371. Siehe auch TIME-Magazine vom 15. Januar 1996, S. 30-35.

[233] Frankfurter Allgemeine Zeitung vom 12. Januar 1996.

Der republikanische Abgeordnete Chris Shays aus Connecticut erklärte: „*The President simply isn't going to balance the budget, and so we take this to the November election*"[234].

Der bevorstehende Präsidentschaftswahlkampf, der Anfang Februar mit der ersten Parteiversammlung in Louisiana offiziell beginnen sollte, begann ab Januar 1996, das politische Geschehen in beiden großen Parteien zu beherrschen. Deshalb war Präsident Clintons Rede zur Lage der Nation, die er am 23. Januar 1996 vor dem versammelten Kongreß hielt, eher eine Wahlkampfrede[235]. Unter anderem sagte der Präsident:

„*The State of the Union is strong. Our economy is the healthiest it has been in three decades. We have the lowest combined rates of unemployment and inflation in 27 years. We have created nearly 8 million new jobs, over a million of them in basic industries, like construction and automobiles...*

Since 1993, we have all begun to see the benefits of deficit reduction... Now, it is time to finish the job and balance the budget. Though differences remain among us which are significant, the combined total of the proposed savings that are common to both plans is more than enough, using the numbers from your Congressional Budget Office to balance the budget in seven years and to provide a modest tax cut...

On behalf of... all the other people who are out there working every day doing a good job for the American people, I challenge all of you in this Chamber: Never, ever shut the government down again!"[236]

Die Parlamentarier befolgten die Bitte des Präsidenten und verabschiedeten Ende Januar 1996 eine neue „continuing resolution" mit einer Laufzeit bis zum 15. März[237]. Gleichzeitig unterbreiteten die Republikaner dem Präsidenten einen neuen Kompromißvorschlag, der, anstatt einen in sieben Jahren ausgeglichenen Haushalt anzustreben, mit einer „Anzahlung" auf den Haushaltsausgleich vorlieb nahm. Konkret verstand man unter dieser „An-

---

[234] TIME-Magazine vom 15. Januar 1996, S. 35.

[235] Siehe Frankfurter Allgemeine Zeitung vom 25. Januar 1996.

[236] http://www.washingtonpost.com/wp-...ics/special/states/docs/sou96.htm

[237] Drew (1996), S. 377.

zahlung" die 100 Milliarden Dollar an Ausgabenkürzungen, über die sich das Weiße Haus und der Kongreß während der vergangenen Wochen einig geworden waren. Außerdem sollten auf ein Jahr beschränkte Steuererleichterungen von 29 Milliarden Dollar sowie das seit November überfällige Gesetz zur Erhöhung des Kreditrahmens verabschiedet werden, da sonst zum 1. April 1996 den Vereinigten Staaten die Zahlungsunfähigkeit drohte. Schließlich nahmen die Republikaner Programme des Präsidenten von den Streichungsplänen aus, um kein Veto des Präsidenten zu provozieren[238].

Langsam kam Bewegung in den Haushaltsstreit, da jede Seite für den beginnenden Wahlkampf negative Schlagzeilen vermeiden wollte. Anfang Februar 1996 unterschrieb Bill Clinton den Verteidigungsetat von 265 Milliarden Dollar, obwohl er das gleiche Gesetz am 28. Dezember 1995 mit seinem Veto belegt hatte[239]. Dennoch waren fünf der dreizehn Haushaltsgesetze bis Ende März noch umstritten. Gleichzeitig leitete der Präsident Mitte März 1996 dem Kongreß seinen Budgetplan für das Haushaltsjahr 1996/97 zu, der Ausgaben in Höhe von 1 635 Milliarden Dollar sowie Steuersenkungen für die Mittelklasse und Ausgabenkürzungen von 593 Milliarden Dollar vorsah. Zweidrittel dieser Einsparungssumme würde aber erst in den Jahren 2000 und 2002 wirksam werden. Schließlich hielt der Präsident am Ziel des Haushaltsausgleichs in sieben Jahren fest[240].

Am 28. März stimmte der Kongreß sowohl einer weiteren „continuing resolution" als auch der Erhöhung des Kreditrahmens von 4,9 auf 5,5 Milliarden Dollar zu[241]. Ende April 1996, sieben Monate nach dem Beginn des Haushaltsjahres 1995/96, erreichten die Clinton-Administration und die Republikaner einen Haushaltskompromiß von 163 Milliarden Dollar. Dadurch war die Finanzierung der Ministerien und Behörden bis zum

---

[238] Siehe Frankfurter Allgemeine Zeitung vom 26. Januar 1996.

[239] Rhein-Neckar-Zeitung vom 12. Februar 1996.

[240] Frankfurter Allgemeine Zeitung vom 20. März 1996.

[241] Frankfurter Allgemeine Zeitung vom 29. und 30. März 1996.

30. September 1996 gewährleistet[242]. Die Reform der Leistungsgesetze und die hohen Steuersenkungen, um die v.a. seit dem Herbst 1995 gestritten worden war, wurden im Kompromißpaket ausgeklammert[243]. Schließlich regelte das im August 1996 verabschiedete *Personal Responsibility and Work Opportunity Act* die staatliche Sozialfürsorge neu. Demnach übernahmen die Einzelstaaten die Verteilung der Sozialhilfe vom Bund, der jedem Staat eine festgesetzte Summe überwies. Dadurch sollte der Bundeshaushalt bis zum Jahre 2002 um eine Summe von 55 Milliarden Dollar – 10% der Gesamteinsparungen – entlastet werden[244].

Präsident Clinton, der darüberhinaus Kürzungen im sozialen Bereich abwehren konnte, war gestärkt aus dem Budgetstreit mit dem republikanischen Kongreß hervorgegangen und konnte mit seiner beeindruckenden Bilanz zu seiner Wiederwahl antreten.

4.   *Der Kampf um ein* Balanced Budget Amendment *und die Verabschiedung des* line-item veto

Das für den Kongreßwahlkampf von 1994 erstellte republikanische Wahlprogramm *Contract with America* enthielt auch zwei die Verfassung berührende Forderungen: einen Verfassungszusatz (Amendment to the Constitution), der einen ausgeglichenen Haushalt verfassungsrechtlich verankern sollte; und das sogenannte *line-item veto*, das dem Präsidenten das Recht verleihen sollte, einzelne Etatposten eines Haushaltsgesetzes mit seinem Veto zu belegen.

Das *Balanced Budget Amendment* sollte die amerikanische Bundesregierung dazu verpflichten, die Aus- und Einnahmen des Staates in ein Gleichgewicht zu bringen, d.h. der Staat wäre gezwungen, genau das auszugeben,

---

[242] Siehe Frankfurter Allgemeine Zeitung vom 26. April 1996.

[243] Klages, S. 198.

[244] Klages, S. 199.

was er auch über Steuern und andere Einnahmequellen einnehmen würde. Dies hätte außerdem bedeutet, daß der Staat keine Kredite mehr aufnehmen durfte[245].

Der Vorschlag eines Verfassungszusatzes zum Haushaltsausgleich war ein Kernanliegen der Republikaner, die einen entsprechenden Gesetzesentwurf als Beitrag zu ihrem Kampf gegen das von den Demokraten initiierte „Big Government" ansahen.

Von vornherein war die Verfassungsmäßigkeit eines *Balanced Budget Amendment* umstritten, da dadurch die strikte Gewaltenteilung, die in den Vereinigten Staaten zwischen Präsident, Kongreß und Oberstem Gerichtshof (Supreme Court) besteht, verwässert würde. Der Supreme Court hätte dann nämlich das Recht, einen vom Kongreß verabschiedeten und vom Präsidenten bewilligten Haushalt außer Kraft zu setzen. Eine unabhängige Haushaltsgesetzgebung wäre dann nicht mehr gewährleistet[246].

Auch andere Fragen waren im Vorfeld der Behandlung und Verabschiedung eines Verfassungszusatzes zu prüfen, hier v.a. das Problem, ob der Haushaltsentwurf oder aber der vollzogene Haushalt ausgeglichen sein sollte. Schließlich mußte der Bundesetat auch so flexibel bleiben, um auf eine eventuelle wirtschaftliche Notlage reagieren zu können. Eine strikte bzw. starre Haushaltspolitik kann bekanntlich eine beginnende Rezession verschärfen. Außerdem steigen in einer wirtschaftlichen Schwächeperiode die Ausgaben des Staates, die dann oft gar nicht exakt vorausberechnet werden können.

Doch angesichts der hohen Budgetdefizite zu Beginn der neunziger Jahre in den USA machte die verfassungsrechtliche Verankerung eines ausgegli-

---

[245] In zahlreichen US-Bundesstaaten ist der Haushaltsausgleich verfassungsrechtlich niedergeschrieben, bspw. auch in Arkansas, wo Präsident Clinton von 1979-1981 und von 1983-1993 als Gouverneur amtierte.

[246] s. Klages, S. 299.

chenen Haushaltes durchaus Sinn, da v.a. hohe Etatdefizite die wirtschaftliche Entwicklung eines Landes beeinträchtigen und nachfolgende Generationen zusätzlich belasten können. Deshalb zeugt ein ausgeglichener Haushalt von einer verantwortungsbewußten Budgetpolitik[247].

Zwischen 1982 und 1994 gab es insgesamt sechs Versuche, ein *Balanced Budget Amendment* zu verabschieden. Artikel V. der Verfassung der Vereinigten Staaten sieht die Verabschiedung von Verfassungszusätzen entweder mit einer jeweiligen Zweidrittelmehrheit in beiden Kammern des Kongresses oder durch die Einberufung einer „Convention" vor, die auf Antrag von Zweidritteln der US-Bundesstaaten einberufen wird[248]. Der zuletzt beschriebene Weg wurde in den 1980er Jahren beschritten, um den Haushaltsausgleich in die Verfassung aufzunehmen. Bis 1987 hatten sich 32 Bundesstaaten für die Einberufung einer „Convention" ausgesprochen. Doch bis heute konnte die erforderliche Zweidrittelmehrheit von 34 Staaten nicht erreicht werden. Auch die Verabschiedung eines *Balanced Budget Amendment* durch den Kongreß wurde mehrfach versucht. Doch immer wieder scheiterte man an der Zweidrittelmehrheit[249].

Im Jahre 1995, mit der Übernahme von Senat und Repräsentantenhaus durch die Republikanische Partei, hatte die Verabschiedung des entsprechenden Verfassungszusatzes oberste Priorität. Natürlich müssen die Pläne zur Verabschiedung des *Balanced Budget Amendment* im Zusammenhang gesehen werden mit dem Willen der Republikaner, den Bundesetat innerhalb von sieben Jahren auszugleichen. Der Vorschlag des Verfassungszusatzes, über den ursprünglich am 19. Januar 1995 im Repräsentantenhaus

---

[247] Zu den Vor- und Nachteilen eines *Balanced Budget Amendment* siehe Klages, S. 300ff.

[248] Wörtlich steht in Artikel V. der Verfassung: „*The Congress, whenever two thirds of both Houses shall deem it necessary, shall propose Amendments to this Constitution, or, on the Application of the Legislatures of two thirds of the several States, shall call a Convention for proposing Amendments...*"

[249] s. dazu Klages, S. 302f.

abgestimmt werden sollte[250], sah u.a. eine Dreifünftelmehrheit bei dem Beschluß der Nettokreditaufnahme und bei der Erhöhung der Gesamtverschuldung vor[251]. Sollte innerhalb des Haushaltsjahres ein Defizit auftreten, würde es dann dem Kongreß obliegen, Ausgabenkürzungen als Ausgleich zu beschließen. Im Falle einer die nationale Sicherheit der Vereinigten Staaten gefährdenden Situation, wäre jedoch die Außerkraftsetzung der Ausgleichspflicht erlaubt. Der Vorschlag der „freshmen"[252], auch bei Steuererhöhungen eine Dreifünftelmehrheit im Kongreß festzuschreiben, wurde abgelehnt, weil dadurch die Verabschiedung des Amendments im Repräsentantenhaus und Senat schon im Vorfeld gescheitert gewesen wäre[253]. Schließlich wurde der Rentenversicherungsfonds *Social Security* in den Amendment-Entwurf aufgenommen. Der Fonds warf nämlich Überschüsse ab, die zur Haushaltskonsolidierung herangezogen werden konnten. Gerade diese Bestimmung stieß jedoch im Kongreß immer wieder auf starke Ablehnung, da ein Mißbrauch des Rentenversicherungsfonds befürchtet und der fehlende Schutz von *Social Security* beklagt wurde[254]. An diesen berechtigten Einwänden sollte das *Balanced Budget Amendment* im Senat schließlich scheitern.

Am 26. Januar 1995 fand die Abstimmung über das *Balanced Budget Amendment* im Repräsentantenhaus statt. 300 Abgeordnete – zehn mehr als die erforderliche Zweidrittelmehrheit – stimmten dem Verfassungszusatz zu, 132 votierten dagegen[255]. Anschließend wurde der Text dem Senat zugeleitet, wo eine Zweidrittelmehrheit mehr als ungewiß war. Die Demokraten und die Clinton-Administration, die das Vorhaben der Republikaner lediglich als Vorwand für tiefe Einschnitte im sozialen Bereich ansahen,

---

[250] Drew (1996), S. 122.

[251] Klages, S. 303.

[252] Siehe dazu Fußnote 194.

[253] Siehe dazu Klages, S. 304 und Drew (1996), S. 120f.

[254] s. Klages, S. 307.

[255] Drew (1996), S. 123.

argumentierten gegen das Amendment. Am 2. März 1995 fand die Abstimmung im Senat statt. Bis zuletzt konzentrierte sich die Überzeugungsarbeit des republikanischen Mehrheitsführers Senator Bob Dole, dem eine einzige Stimme zur Zweidrittelmehrheit fehlte, auf den republikanischen Senator Mark Hatfield aus Oregon, der angekündigt hatte, aus Überzeugung gegen den Verfassungszusatz stimmen zu wollen[256]. Die Endabstimmung fiel denkbar knapp aus: 65 Senatoren sprachen sich zugunsten eines *Balanced Budget Amendment* aus, 35 lehnten eine Zustimmung ab[257]. 14 der 47 demokratischen Senatoren hatten für, lediglich zwei republikanische Senatoren gegen das Amendment gestimmt. Diese waren Mark Hatfield und Bob Dole, der sich durch seine Neinstimme die Möglichkeit offenhalten wollte, eine erneute Abstimmung zu beantragen[258].

Obwohl Bob Dole im nachhinein den Präsidenten für das gescheiterte Votum verantwortlich machte, konnte jedoch nicht über die Niederlage, die die Republikaner erlitten hatten, hinweggesehen werden. Auch Bob Doles Stellung als Führer der Republikaner im Senat war danach nicht mehr unangefochten. Versüßt wurde die Niederlage aber durch den Übertritt des demokratischen Senators Ben Nighthorse Campbell aus Colorado zur republikanischen Partei, so daß die Republikaner ab März 1995 über 54 Senatoren verfügten[259].

Anfang 1997, nach der Wiederwahl Bill Clintons als Präsident, präsentierten die Republikaner ein neues *Balanced Budget Amendment*, das aber erneut scheiterte[260].

---

[256] s. Drew (1996), S. 158.

[257] Siehe Mannheimer Morgen vom 4. März 1995 und TIME-Magazine vom 13. März 1995, S. 32.

[258] TIME-Magazine vom 13. März 1995, S.32.

[259] TIME-Magazine vom 13. März 1995, S.31.

[260] Klages, S. 308.

Das *line-item veto* – das selektive Einspruchsrecht – hatte im Kongreß mehr Aussicht auf Erfolg. Durch dieses auf Haushaltsgesetze bezogene Vetorecht sollte der Präsident, der bis dahin sein Veto nur gegen ein Gesetz als Ganzes einlegen konnte, das Recht erhalten, einzelne Etatposten eines Gesetzes mit seinem Veto zu belegen, ohne das gesamte Gesetz zu Fall zu bringen. Das Vetorecht sollte also verfeinert werden. Alle Vorgänger Bill Clintons seit Präsident Ford (1974-1977) hatten wiederholt das *line-item veto* für sich angemahnt. Ronald Reagan forderte 1986 vom Kongreß:

„Tonight I ask you to give me what 43 Governors have[261]*: Give me a line-item veto this year. Give me the authority to veto waste, and I'll take the responsibility, I'll make the cuts, I'll take the heat. "*[262]

Präsident George H. W. Bush erklärte in seiner Rede zur Lage der Nation von 1992:

„Every year the press has field day making fun of outrageous examples of [pork barrel appropriations[263]*]: a Lawrence Welk museum, research grants for Belgian endive. We all know how these things get into the budget, and maybe you need someone to help you say no. I know how to say it, and I know what I need to make it sick. Give me the same thing 43 governors have: the line-item veto. "*[264]

In seiner Rede zur Lage der Nation von 1995 verlangte Bill Clinton ebenfalls die Verabschiedung des *line-item veto*. Mit großer Mehrheit stimmte das Repräsentantenhaus am 6. Februar 1995 dem selektiven Veto zu[265]. Das Gesetz blieb aber anschließend im Senat stecken. Erst am 27. März 1996 votierte die obere Kammer mit 69 Ja-Stimmen und 31 Nein-Stimmen für die Ausweitung des präsidentiellen Vetorechts. Am 28. März 1996 schloß

---

[261] Zum Gebrauch des *line-item veto* in den US-Bundesstaaten siehe Klages, S. 313.

[262] Klages, S. 310.

[263] Geldzuwendungen der Bundesregierung

[264] Klages, S. 310.

[265] Rhein-Neckar-Zeitung vom 8. Februar 1995; Drew (1996), S. 169.

sich erneut das Repräsentantenhaus der Maßnahme an; am 9. April 1996 unterschrieb Präsident Clinton das Gesetz[266].

In Kraft treten sollte das *line-item veto*, das auf acht Jahre begrenzt war, jedoch erst am 1. Januar 1997. Der Präsident durfte von da an nicht nur einzelne Etatposten und Programme annullieren, sondern auch Transferleistungen stoppen und Steuervergünstigungen zurücknehmen. In einem ersten Schritt war der Präsident dazu berechtigt, die ihm nicht genehmen Ausgaben zu sperren. Diese Sperrbefugnis (enhanced recission) konnte der Kongreß in den nun folgenden 30 Tagen aussetzen, eine Entscheidung, die vom Präsidenten in einem zweiten Schritt mit dem *line-item veto* zurückgenommen werden konnte. Wollte der Kongreß dennoch an der Mittelfreigabe festhalten, mußte in beiden Kammern eine Zweidrittelmehrheit zustande kommen, um das präsidentielle Veto aufzuheben[267].

Von Beginn an war das *line-item veto* verfassungsrechtlich umstritten. Dennoch setzte es Präsident Clinton von 1997 bis 1998 82mal ein[268]. Im Jahre 1997 machte er beispielsweise davon Gebrauch, um „eine Steuerbefreiung für Einkommen in Steueroasen, eine Steuervergünstigung für einen Nahrungsmittelkonzern und eine Entlastung des Staates New York von den Medicaid-Ausgaben" zu streichen[269].

Präsident Bill Clinton profitierte aber nur 13 Monate vom selektiven Vetorecht. Anfang Februar 1998 erklärte ein Bundesbezirksgericht in Washington D.C. das *line-item veto* mit dem Argument, es verstoße gegen das Prinzip der Gewaltenteilung (checks and balances), für verfassungswidrig. Zuvor hatte der Präsident sein Veto gegen die im Haushaltsjahr 1997/98

---

[266] Frankfurter Allgemeine Zeitung vom 29. März 1996. Siehe auch Thunert, S. 19.

[267] Zum hier beschriebenen Verfahren siehe Klages, S. 318, und Frankfurter Allgemeine Zeitung vom 27. März 1996.

[268] Frankfurter Allgemeine Zeitung vom 14. Februar 1998.

[269] Klages, S. 319.

geplante Finanzierung von 38 militärischen Bauprojekten eingesetzt, eine Entscheidung, die im Kongreß auf erbitterten Widerstand gestoßen war[270].

Nach dem Urteil des Bundesbezirksgerichts ging die Bundesregierung vor den Obersten Gerichtshof in Berufung. Der Supreme Court schloß sich jedoch am 25. Juni 1998 dem vorangegangenen Urteil an und erklärte das *line-item veto* mit 6 zu 3 Stimmen für verfassungswidrig. Das vorgebrachte Argument lautete, daß die vom selektiven Veto verursachte Änderung der verfassungsrechtlichen Praxis nur durch einen Verfassungszusatz erlaubt werden dürfe und nicht durch ein einfaches Gesetz des Kongresses. In einer ersten Stellungnahme während seines offiziellen Besuchs in der Volksrepublik China sagte der Präsident: *„The decision is a defeat for all Americans."*[271]

5. Außenwirtschaftspolitik

Die Außenwirtschaftpolitik in der ersten Amtszeit Bill Clintons wird v.a. von drei Begriffen geprägt: NAFTA, GATT und APEC.

Außen- und Wirtschaftpolitik dürfen bei der Betrachtung von Bill Clintons Präsidentschaft nicht getrennt voneinander gesehen werden. Der Präsident und seine Wirtschaftsberater gingen davon aus, daß Amerika im Inneren an wirtschaftlicher Stärke gewinnen müsse, um im Ausland mit den anderen Industrienationen um Absatzmärkte kämpfen zu können und so nicht nur eine militärische, sondern auch eine ökonomische Supermacht zu bleiben[272]. 1993 sagte der designierte Außenminister Warren Christopher vor dem Senat:

---

[270] Frankfurter Allgemeine Zeitung vom 14. Februar 1998.

[271] International Herald Tribune vom 26. Juni 1998.

[272] s. Paulsen, S. 9.

„Our first foreign priority and our first domestic priority are one and the same: reviving our economy. America must regain its economic strength to play our proper role as leader of the world."[273]

Diese neue Außenpolitik mit wirtschaftlichem Schwerpunkt war natürlich aggressiv und in gewisser Hinsicht nicht diplomatisch, denn die dominierende Stellung amerikanischer Firmen im Ausland sollte mit allen Mitteln errungen und erhalten werden. Deshalb entwickelten sich während Bill Clintons Amtszeit die Exportförderung und die Industriespionage[274] zu wichtigen Standbeinen der amerikanischen Außenwirtschaftspolitik. Dabei kalkulierte die Clinton-Administration Reibereien und Konfrontationen in der Handelspolitik zur Europäischen Union, zu Japan oder zur Volksrepublik China bewußt ein.

Im Jahre 1993 faßte die neue US-Regierung ihre außenwirtschaftlichen Vorstellungen in der sogenannten „National Export Strategy" (NES) zusammen, aus der folgende Leitlinien für die Außenwirtschaftspolitik resultierten:

1. enge Zusammenarbeit zwischen Staat und Unternehmen

2. enge Zusammenarbeit zwischen Bund und Einzelstaaten

3. neue Prioritätensetzung „zugunsten vielversprechender Märkte und Industrien"

4. verbesserte Zusammenarbeit zwischen den für den Export verantwortlichen Behörden[275].

Da die Beziehungen zu Japan und zur Volksrepublik China trotz ihrer wirtschaftlichen Bedeutung eher ein außenpolitisches Thema sind, soll hier anhand der drei wichtigen Themen NAFTA, GATT und APEC das nicht im-

---

[273] Zitiert nach Paulsen, S. 46.

[274] Zur Rolle der Geheimdienste bei der Wirtschaftsaufklärung, siehe Paulsen, S. 94 bis 99.

[275] s. Paulsen, S. 50f.

mer unumstrittene Eintreten von Präsident Bill Clinton für Freihandel und amerikanische Wirtschaftshegemonie dargestellt werden.

Das North American Free Trade Agreement (Nordamerikanisches Freihandelsabkommen, NAFTA), das die Vereinigten Staaten, Kanada und Mexiko zu einem Freihandelsraum von 360 Millionen Menschen und einem Bruttosozialprodukt von über sechs Billionen Dollar zusammenschließen sollte[276], wurde von Präsident George H. W. Bush ausgehandelt und unterzeichnet. Als Präsident Clinton sein Amt antrat, stand die Verabschiedung des Abkommens im Kongreß aber noch bevor.

Im Wahlkampf von 1992 hatte Bill Clinton mit Rücksicht auf die Gewerkschaften NAFTA nur zögerlich unterstützt[277]. Denn die Gewerkschaften, die in den für die Wahl wichtigen Bundesstaaten Ohio und Michigan über beträchtlichen Einfluß verfügten, fürchteten durch den von NAFTA geplanten Zollabbau und Freihandel hohe Arbeitsplatzverluste innerhalb der Vereinigten Staaten zugunsten Mexikos, wo die Löhne unter dem US-amerikanischen Niveau lagen.

Nach seinem Einzug ins Weiße Haus, ließ Präsident Clinton jedoch keinen Zweifel mehr an seinem Willen, das Freihandelsabkommen, das zum 1. Januar 1994 in Kraft treten sollte, vom Kongreß verabschiedet zu sehen. Dabei nahm er auch eine Spaltung seiner Demokratischen Partei in Kauf. Von Beginn an starteten die Lobbies ihre Unterstützungs- bzw. Ablehnungskampagnen. Umweltorganisationen und die Gewerkschaften, die u.a. von namhaften demokratischen Abgeordneten wie dem *House Majority Leader* Richard Gephardt oder dem *House majority whip* David Bonior[278] unterstützt wurden, wollten die für November 1993 angesetzte Verabschie-

---

[276] Kaiser/Schwarz, S. 241.

[277] s. Woodward, S. 48ff.

[278] s. Campbell/Rockman, S. 37.

dung von NAFTA unbedingt verhindern[279]. Mitte September 1993 erklärte beispielsweise Lane Kirkland, der Vorsitzende des gewerkschaftlichen Dachverband AFL-CIO:

„A vote for NAFTA will be regarded as a very unfriendly act... by American workers. "[280]

Der Präsident versuchte auf der anderen Seite, die Unterstützung für das Freihandelsabkommen zu organisieren. Am 14. September erhielt er in einer Zeremonie im Weißen Haus[281], in deren Verlauf er Zusatzabkommen zu NAFTA unterschrieb, die öffentliche Unterstützung seiner Vorgänger Gerald R. Ford (1974-1977), Jimmy Carter (1977-1981) und George H. W. Bush (1989-1993). Dabei sagte der Präsident:

„In a fundamental sense, this debate about NAFTA is a debate about whether we will embrace these changes and create the jobs of tomorrow, or try to resist these changes, hoping we can preserve the economic structures of yesterday.[282]

Abgesehen von den ehemaligen Präsidenten wurde auch das gesamte Kabinett in die Überzeugungskampagne eingebunden. Vize-Präsident Albert Gore engagierte sich in besonderem Maße. Dies zeigt sich v.a. an seiner Bereitschaft, mit Ross Perot, dem unabhängigen Präsidentschaftskandidaten von 1992 und darüberhinaus ein kompromißloser Gegner von NAFTA, eine öffentlich ausgetragene Debatte über das Freihandelsabkommen zu führen[283]. Diese Debatte fand am 9. November 1993 im US-Fernsehen statt. Dem Vize-Präsidenten, der sachlich und klug argumentierte, gelang es, die von Ross Perot vorgebrachten Einwände zu widerlegen[284]. Dieser in

---

[279] S. Campbell/Rockman, S. 109ff. Siehe auch das Buch „Clintons Vision – ‚Freier Markt' und Abschottung" von Noam Chomsky.

[280] Zitiert nach Drew (1995), S. 297f.

[281] siehe auch Newsweek vom 27. September 1993.

[282] zitiert nach Drew (1995), S. 299.

[283] siehe TIME-Magazine vom 15. November 1993.

[284] Drew (1995), S. 344f.

mancher Hinsicht riskante öffentliche Auftritt brachte aber dem Präsidenten und NAFTA weitere Unterstützung und schadete den Gegnern des
Freihandelsabkommens.

Die endgültige Abstimmung in Repräsentantenhaus und Senat bedeutete
für die Regierung einen deutlichen Sieg. Am 17. November 1993 verabschiedete das Repräsentantenhaus mit 234 zu 200 Stimmen das Nordameri-
kanische Freihandelsabkommen. 156 demokratische Abgeordnete hatten
mit Nein und 102 mit Ja gestimmt. NAFTA war also nur mit Hilfe der Republikaner verabschiedet worden, bei denen 132 Abgeordnete dafür und
nur 43 dagegen votiert hatten. Der Senat, wo die Abstimmung nicht ge-
fährdet gewesen war, verabschiedete das neue Abkommen mit 61 zu 38
Stimmen[285].

Die v.a. von den Gewerkschaften gehegten Ängste eines Arbeitsplatzab-
baus in den USA haben sich in den Jahren, die dem Inkrafttreten des Freihandelsabkommens folgten, nicht bewahrheitet. Die Arbeitsplätze sind aber
auch nicht sprunghaft angestiegen. Man konnte jedoch in den US-
Bundesstaaten, die eine gemeinsame Grenze mit Mexiko besitzen, eine sin-
kende Arbeitslosigkeit, wachsenden Wohlstand und das Entstehen einer
Mittelschicht verzeichnen[286]. Die Clinton-Administration zeigte sich deshalb in ihrem im Juli 1997 präsentierten NAFTA-Zwischenbericht sehr zufrieden: Der Handel zwischen den USA, Kanada und Mexiko sei um 44%
gestiegen; bis Ende 1996 habe der amerikanische Export nach Mexiko um
12 Milliarden Dollar zugenommen; das Außenhandelsdefizit mit Kanada
habe sich aber verdreifacht[287].

Präsident Clinton plante ab 1994 eine Erweiterung der Freihandelszone
nach Lateinamerika mit dem Ziel, einen „freien Markt von Alaska nach

---

[285] Campbell/Rockman, S. 111. Siehe auch Mannheimer Morgen vom 19. November
1993.
[286] Siehe Frankfurter Allgemeine Zeitung vom 27. Juni 1997.
[287] Siehe Frankfurter Allgemeine Zeitung vom 14. Juli 1997.

Feuerland"[288] zu schaffen. Bei der Gründung einer gesamtamerikanischen Freihandelszone (FTAA: Free-Trade Agreements in the Americas) sollte Chile eine besondere Bedeutung zukommen[289]. Präsident Clinton forderte immer wieder vom Kongreß, ihm zu diesem Zweck das sogenannte „fast track"-Mandat, ein Verhandlungsmandat zur weiteren Handelsliberalisierung, zu verleihen[290], was der Kongreß ihm jedoch für den Rest seiner Amtszeit verweigerte[291]. Außerdem regte sich in Lateinamerika Widerstand gegen die US-amerikanischen Pläne, die als neuer Wirtschaftskolonialismus angesehen wurden. Besonders Brasilien, das in dem 1991 gegründeten gemeinsamen südamerikanischen Markt MERCOSUR[292] die führende Rolle spielt, lehnte einen gesamtamerikanischen Freihandelsraum kategorisch ab[293]. Die Schaffung einer den ganzen amerikanischen Kontinent abdeckenden Freihandelszone wird wohl in näherer Zukunft nicht umzusetzen sein.

Das zweite große außenwirtschaftliche Thema, das die beiden ersten Jahre von Bill Clintons Präsidentschaft dominierte, waren die Verhandlungen des GATT (General Agreement on Tariffs and Trade)[294], die ein neues Welt-

---

[288] Siehe Frankfurter Allgemeine Zeitung vom 21. Oktober 1997.

[289] Siehe Frankfurter Allgemeine Zeitung vom 18. September 1997.

[290] Siehe Frankfurter Allgemeine Zeitung vom 25. Oktober 1997 und vom 6. November 1997.

[291] Siehe TIME-Magazine vom 24. November 1997 und Frankfurter Allgemeine Zeitung vom 28. September 1998.

[292] MERCOSUR, am 26. März 1991 in Asunción gegründet, ist ein gemeinsamer Markt, der Brasilien, Argentinien, Paraguay und Uruguay umfaßt. 1996 wurde Chile und 1997 Bolivien als beigeordnetes Mitglied in die Runde aufgenommen. MERCOSUR ist mit 220 Millionen Menschen und einem Bruttosozialprodukt von 1,3 Billionen Dollar (1997) der weltweit am schnellsten wachsende Handelsblock.

[293] Siehe Le Monde Diplomatique vom 8. Februar 1998 und die Frankfurter Allgemeine Zeitung vom 18. April 1998.

[294] Das GATT war ein internationales Abkommen und keine Organisation. Es sollte den Welthandel regeln, Zölle senken und protektionistische Maßnahmen verhindern.

handelsabkommen beschließen sollten. Seit 1986 saßen die 120 GATT-Mitglieder in der sogenannten Uruguay-Runde[295] zusammen, um sich auf eine weitere Marktöffnung, auf den Abbau von Subventionen und auf die Gründung einer Welthandelsorganisation (World Trade Organization, WTO) zu einigen. Außerdem wurden in der Uruguay-Runde zum ersten Mal auch neue Wirtschaftsbereiche, wie Dienstleistungen, und dringende Probleme, wie der Schutz geistigen Eigentums, in die Diskussionen einbezogen. Auch Umwelt- und Sozialfragen wurden besprochen[296].

Innerhalb der Uruguay-Runde gab es seit Beginn der 1990er Jahre besonders zwischen den Vereinigten Staaten und der Europäischen Union Auseinandersetzungen über die Agrarsubventionen und über das europäische Bestreben, eine eigene konkurrenzfähige Flugzeugindustrie aufzubauen.

Die Agrarpolitik war 1986 in die GATT-Verhandlungen aufgenommen worden. Die Vereinigten Staaten, die bei der Produktion und dem Export von Agrarprodukten führend sind, hatten ein natürliches Interesse, ihre starke Stellung zu erhalten. Dies stieß v.a. auf den Widerstand der Europäischen Union, insbesondere Frankreichs, das seine eigene Landwirtschaft schützen wollte. Die neue französische Regierung unter Edouard Balladur, die Ende März 1993 ins Amt kam, lehnte die im November 1992 unterzeichneten GATT-Vorverträge von Blair House ab und forderte Neuverhandlungen, da ihrer Ansicht nach die USA deutlich bevorzugt würden[297]. Vor allem kritisierten die Franzosen und die anderen Europäer die Sektion 301 des 1988 in Kraft getretenen US-Handelsgesetzes, wonach die USA Länder, die US-Exporte behinderten, mit einseitigen Sanktionen belegen

---

[295] Sieben GATT-Runden hatten vor der Uruguay-Runde den Abbau von Zöllen erreicht: die Genfer-Runde (1947), die Annecy(F)-Runde (1949), die Torquay (UK)-Runde (1951), die 2. Genfer-Runde (1956), die „Dillon"-Runde (1960-1962), die „Kennedy"-Runde (1962-1967) und die Tokio-Runde (1973-1979).

[296] Kaiser/Schwarz, S. 204 und 239.

[297] Brigouleix, S. 127.

dürften[298]. Außerdem forderten die Europäer einen gleichberechtigten Zugang zum asiatischen Markt[299]. Dadurch verlängerten sich die Verhandlungen erneut und die neue US-Regierung unter Bill Clinton mußte Kompromißgesprächen zustimmen.

Dem europäischen Vorwurf, die Amerikaner subventionierten in höchstem Maße ihre Landwirtschaft, beantworteten diese mit dem Gegenvorwurf, die Europäer subventionierten ja selbst, nämlich die Airbus-Industrie, um dem US-Flugzeughersteller Boeing Konkurrenz zu machen[300]. Da aber allen Parteien an einem schnellen und gerechten Abschluß der bis dahin längsten GATT-Verhandlungen gelegen war, konnten im Laufe des Sommers 1993 Kompromisse im Agrar-, Textil-, Chemie-, Metall- und Automobilsektor gefunden werden, so daß die Gespräche am 15. Dezember 1993 erfolgreich abgeschlossen werden konnten. Am 15. April 1994 wurde der endgültige Vertrag in Marrakesh von den zuständigen Ministern unterzeichnet[301]. Gleichzeitig wurde eine Welthandelsorganisation (WTO) gegründet. Ihre Aufgaben sollten v.a. die Umsetzung des neuen Abkommens, die Überwachung des weltweiten Handels und die Schlichtung von Handelsstreitigkeiten sein[302].

Die einzelnen GATT-Mitglieder mußten nun das Abkommen von ihren Parlamenten ratifizieren lassen. Präsident Clinton gelang es angesichts des Kongreßwahlkampfes von 1994 nicht, den Vertrag vor der Wahl verabschieden zu lassen[303]. In einer Sondersitzung des Kongresses, die Ende November 1994 begann, wurde das GATT-Abkommen mit deutlicher Mehr-

---

[298] Adams/Lösche (Hrsg.), S. 599f.

[299] s. Balladur, S. 138.

[300] Es ist jedoch hier auch unumstritten, daß Boeing durch Aufträge der US Air Force und für die NASA Subventionen erhielt und weiterhin erhält.

[301] http://www.econ.iastate.edu/classes/econ355/choi/wtoroots.htm

[302] s. http://www.lancs.ac.uk/users/law/intlaw/ibuslaw/wto/04-wto.htm

[303] s. TIME-Magazine vom 17. Oktober 1994, S. 46-49.

heit verabschiedet. Die Demokratische Partei war aber – wie zuvor bei der Abstimmung über NAFTA – gespalten gewesen, so daß die Republikaner die Verabschiedung sicherstellten[304].

Seit Beginn der 1990er Jahre und v.a. seit dem Ende des Kalten Krieges, hat der asiatisch-pazifische Raum für die Vereinigten Staaten an politischem und wirtschaftlichem Interesse zugenommen. Die USA erkannten früh die Bedeutung dieses demographisch und ökonomisch schnell wachsenden Raumes, der 42% des weltweiten Handels sowie ein Bruttosozialprodukt von 16 Billionen Dollar (1998) aufweist und darüberhinaus die Hälfte der Weltbevölkerung beherbergt. Präsident Clinton hauchte deshalb der 1989 gegründeten informellen Asia-Pacific Economic Cooperation (APEC)[305] neues Leben ein, indem er jährliche Gipfeltreffen der 21 Mitgliederstaaten anregte, und mithalf, die APEC zu einem Forum zu machen, in dem über Freihandel und wirtschaftliche Zusammenarbeit geredet und entschieden wird.

Das erste Treffen der APEC Staats- und Regierungschefs fand auf Einladung Präsident Clintons am 20. November 1993 auf Blake Island in Seattle statt. Unter anderem wurde beschlossen, den Handel zwischen den APEC-Mitgliedern zu intensivieren. Bill Clinton faßte die Beschlüsse in einem Satz zusammen: *„We've agreed that the Asia-Pacific region should be a united one, not divided.“*[306]

1994 war Indonesien Gastland des APEC-Gipfels. In der „Bogor Declaration of Common Resolve" verpflichteten sich die Staats- und Regierungschefs auf die Einführung eines freien und offenen Handels bis zum Jahre 2020. Dieser Beschluß wurde dann formell in der „Osaka Action Agenda" von 1995 festgeschrieben.

---

[304] Siehe Campbell/Rockman, S, 39 und TIME-Magazine vom 28. November 1994.

[305] Zu den folgenden Angaben zur APEC siehe
http://www.apecsec.org.sg/97brochure/97brochure /97brochure.html.

[306] TIME-Magazine vom 29. November 1993, S. 25.

Auf den Treffen von Manila (1996) und Vancouver (1997) beschlossen die Teilnehmer die einzelnen Schritte, die für die Umsetzung einer wirtschaftlichen Liberalisierung und für die Öffnung neuer Märkte nötig erschienen. Die Gipfel von Kuala Lumpur (1998) und Auckland (1999) standen v.a. im Licht der sogenannten Asien-Krise. U.a. einigte man sich auf eine Stabilisierung bzw. Sicherung der asiatischen Finanz- und Handelssysteme. Auch die Zoll-, Sozial- und Forschungspolitik standen auf der Tagesordnung. Die letzte Konferenz, an der Präsident Clinton teilnahm, fand im November 2000 in Brunei Daressalam statt. Themen waren die „menschlichen Ressourcen", die Entwicklung kleiner und mittlerer Betriebe und die Informations- und Kommunikationstechnologie.

Präsident Clinton hat durch sein starkes Engagement für die APEC zweifellos die Zeichen der Zeit richtig erkannt, daß nämlich die wirtschaftliche Zukunft der Vereinigten Staaten im 21. Jahrhundert hauptsächlich in Asien liegt.

6. Die Präsidentschaftswahlen von 1996: eine Bilanz

Niemand hatte Bill Clinton nach der Wahlniederlage seiner Partei bei den Kongreßwahlen von 1994 gute Wiederwahlchancen für 1996 eingeräumt. Doch während des Jahres 1995 und zu Beginn des Jahres 1996 belegte der Präsident in vielerlei Hinsicht die politische Mitte, bespielsweise im Budgetstreit mit dem republikanischen Kongreß, und wurde so seinem 1992 geschaffenen Bild eines „New Democrat" wieder gerecht. Auch außenpolitische Erfolge, wie der Dayton-Vertrag für Bosnien-Herzegowina, und die außergewöhnlich gute wirtschaftliche Entwicklung führten zu einer stabilen Popularität des Präsidenten in der amerikanischen Bevölkerung. Schließlich stand von vornherein Bill Clinton als Präsidentschaftskandidat der Demokratischen Partei fest, da niemand in den parteiinternen Vorwahlen gegen ihn antrat.

Auf dem Nominierungskonvent der Demokratischen Partei, auf dem Präsident Clinton und Vize-Präsident Gore für eine zweite Amtszeit nominiert wurden, zog der Präsident in seiner Rede vom 29. August 1996 eine Bilanz seiner ersten Amtszeit:

„Look at what's happened. We have the lowest combined rates of unemployment, infla-tion and home mortgages in 28 years. Look at what happened – 10 million new jobs[307], over half of them high-wage jobs; 10 million workers getting the raise they deserve with the minimum wage law;...;tax cuts for 15 million of our hardest working – hardest pres-sed Americans, and all small businesses...

And the deficit has come down for four years in a row for the first time since before the Civil War, down 60 percent on the way to zero. We will do it...

Tonight let us proclaim to the American people we will balance the budget. And let us also proclaim, we will do it in a way that preserves Medicare, Medicaid, education, the environment, the integrity of our pensions, the strength of our people...Our budget would be balanced today, we would have a surplus today, if we didn't have to make the interest payments on the debt run up in the 12 years before the Clinton-Gore administ-ration took office...

My fellow Americans, 68 nights from tonight the American people will face once again a critical moment of decision. We're going to choose the last President of the 20th cen-tury and the first President of the 21st century. But the real choice is not that. The real choice is whether we will build a bridge to the future or a bridge to the past; about whether we believe our best days are still out there or our best days are behind us... My fellow Americans, after these four good, hard years, I still believe in a place called Ho-pe[308], a place called America."[309]

Unter dem Motto „Building our bridge to the 21st century" führte Bill Clinton seinen Präsidentschaftswahlkampf[310], wobei er seinen republikani-schen Herausforderer, den 73-jährigen ehemaligen Senator Robert J. Dole,

---

[307] s. Frankfurter Allgemeine Zeitung vom 10. Juni 1996.

[308] Präsident Clinton wurde am 19. August 1946 in Hope im Bundesstaat Arkansas ge-boren.

[309] http.//www.pub.whitehouse.gov/uri-res/I2R?urn:pdi://oma.eop.gov.us/1996/9/4/13.text.1

[310] Für den Präsidentschaftswahlkampf schrieb Bill Clinton das Buch *Between Hope and History. Meeting America's Challenges for the 21st Century*, in dem er einen Rück-blick über seine Jahre im Weißen Haus und einen Ausblick auf die noch zu bewerkstel-ligenden Reformen gab.

nicht persönlich attackierte. Beispielsweise sagte er in einer der berühmten Fernsehdebatten: „Ich will auf all diese Dinge [Angriffe auf den Präsidenten] gar nicht mit gleicher Münze antworten. Keine Attacke hat jemals auch nur einen Arbeitsplatz geschaffen oder einem Kind zur Ausbildung verholfen"[311]. Vielmehr wies der Präsident auf seine Regierungsarbeit hin, die natürlich seit 1995 maßgeblich von den Republikanern mitgestaltet worden war. Wer hätte denn 1993 gedacht, daß Bill Clinton 1996 für den vollständigen Ausgleich des Bundeshaushaltes eintreten würde?

Im Wahlkampf machte sich der Präsident aber republikanische Forderungen zueigen und ergänzte sie durch demokratische bzw. soziale Vorstellungen. Auf diese Weise erschien er dem Wahlvolk sowohl konservativ als auch fortschrittlich und sicherte sich seine Wiederwahlchancen.

Mit dieser Strategie wurde Bill Clinton am 5. November 1996 für eine zweite Amtszeit ins Weiße Haus gewählt, seit Franklin D. Roosevelt (1933-1945) der erste demokratische Präsident, dem dies gelungen war. Der Präsident erhielt 379 Wahlmännerstimmen, Bob Dole 159 und der unabhängige Kandidat Ross Perot 0[312]. Bill Clinton verfehlte mit 49,8% der abgegebenen Stimmen (1992: 43,2%) knapp die absolute Mehrheit[313]. Obwohl die Republikanische Partei ihre Mehrheit im Kongreß verteidigen konnte, hatte er nun von der amerikanischen Bevölkerung die Möglichkeit erhalten, die im Wahlkampf versprochene Politik für das 21. Jahrhundert in die Tat umzusetzen.

---

[311] Frankfurter Allgemeine Zeitung vom 18. Oktober 1996.

[312] Frankfurter Allgemeine Zeitung vom 7. November 1996.

[313] Bob Dole erreichte 41,5% (George H.W. Bush 1992: 37,7%) und Ross Perot 8,6% (1992: 19%).

V. Die Finanz- und Wirtschaftspolitik in Bill Clintons 2. Amtszeit (1997-2001)

1. Der Weg zum ausgeglichenen Haushalt

Im Wahlkampfjahr 1996 waren die Republikaner einer Konfrontation mit dem Präsidenten bei der Erstellung des Etats 1996/97 aus dem Weg gegangen. Sie hatten kurz vor dem Wahltermin, bei dem auch die Mehrzahl der Kongreßmitglieder eine Wiederwahl zu bestehen hatte, eine erneute Schließung der Bundesverwaltung nicht riskiert. Vielmehr verabschiedete der Kongreß Ende September 1996 ein Haushaltsgesetz, das die Finanzierung der meisten Bundesbehörden ab dem 1. Oktober gewährleistete und die Prioritäten des Präsidenten, v.a. die Ausgaben bei Gesundheits- und Erziehungsprogrammen, berücksichtigte. Bill Clinton zeigte sich auch sehr zufrieden mit dem Kompromiß. Er sagte dazu:

„It is good for America because it continues to move us toward a balanced budget while protecting, not violating, our values."[314]

Vor und nach seiner zweiten Amtseinführung am 20. Januar 1997, bereitete der Präsident seinen Budgetentwurf für einen ausgeglichenen Haushalt bis zum Jahre 2002 vor, der dem neuen 105. Kongreß am 6. Februar 1997 zugeleitet werden sollte. Ende Januar wurden jedoch die neuen Haushaltszahlen des *Congressional Budget Office* veröffentlicht, die eine Einsparungssumme von 154 Milliarden Dollar für den Haushaltsausgleich innerhalb von fünf Jahren vorsahen[315]. Diese Summe lag rund 50 Milliarden unter den vom Weißen Haus und den Republikanern erwarteten Prognosen. Die Chancen für einen Haushaltskompromiß lagen also gut.

Am 6. Februar 1997 präsentierte die Clinton-Administration ihren Haushaltsplan, der im Jahre 2002 einen Haushaltsüberschuß von 17 Milliarden

---

[314] s. International Herald Tribune vom 30. September 1996.
[315] s. Frankfurter Allgemeine Zeitung vom 29. Januar 1997.

Dollar aufweisen sollte. Das Ziel, den Haushalt in fünf Jahren auszugleichen, wollte der Präsident v.a. durch Ausgabenstreichungen bei Medicare und Medicaid von insgesamt 122 Milliarden Dollar und durch Einsparungen bei den nicht gesetzlichen Pflichtausgaben von 137 Milliarden Dollar erreichen. Gleichzeitig sollten aber Steuersenkungen von 98 Milliarden Dollar und zusätzliche Ausgaben von rund 70 Milliarden erreicht werden. Der Clinton-Plan bezog außerdem die Überschüsse aus dem Sozialversicherungsfond mit ein. Insgesamt sah die Administration für das neue Haushaltsjahr 1997/98 Einnahmen von 1,57 Billionen Dollar und Ausgaben von 1,68 Billionen Dollar vor. Am 30. September 1998 sollte das Haushaltsdefizit bei 121 Milliarden Dollar liegen[316].

Sowohl das Weiße Haus als auch der neue republikanische Kongreß einigten sich sehr schnell auf den Ausgleich des Haushaltes bis zum Jahre 2002[317], eine Forderung, die die Republikaner seit ihrer Machtübernahme im Januar 1995 vertreten hatten. Doch die bereits im Budgetstreit von 1995/96 aufgetretenen unterschiedlichen Meinungen bezüglich der Finanzierung der Gesundheitsprogramme Medicare und Medicaid führten erneut zu einer Verzögerung der Haushaltsberatungen. Beispielsweise konnte weder das Repräsentantenhaus noch der Senat zum 15. April ihre Budgetresolutionen verabschieden[318]. Gleichzeitig sank aber das Defizit während des laufenden Haushaltsjahres 1996/97 dank steigender Steuereinnahmen stetig und schneller als geplant. War noch zu Jahresbeginn mit einem Defizit von 126 Milliarden Dollar gerechnet worden, so lag die Prognose im März bei 115 Milliarden Dollar.[319] Im Mai wurde die Defizitprognose er-

[316] s. Frankfurter Allgemeine Zeitung vom 7. Februar 1997.

[317] s. International Herald Tribune vom 12. Februar 1997.

[318] s. Frankfurter Allgemeine Zeitung vom 17. April 1997.

[319] s. Frankfurter Allgemeine Zeitung vom 21. März 1997.

neut korrigiert; man ging dann nur noch von einem Defizit von 75 Milliarden Dollar aus[320].

Anfang Mai 1997 konnten sich der Präsident und die Kongreßmehrheit auf einen Kompromiß einigen, der innerhalb von fünf Jahren den Bundeshaushalt vollständig ausgleichen sollte. Unter anderem wurden Steuersenkungen von 85 Milliarden Dollar und Einsparungen bei Medicare, Medicaid und anderen Leistungsgesetzen von 200 Milliarden Dollar beschlossen. Der Präsident konnte jedoch die Finanzierung der Kinderkrankenversicherung und einen Ausgabenanstieg von 70 Milliarden Dollar für soziale und andere Programme sicherstellen[321]. Da der Präsident harten Einschnitten bei den staatlichen Krankendiensten zugestimmt hatte, verlor er die Unterstützung der liberalen Demokraten. Er hatte einen zweiten Budgetstreit aber nicht riskieren wollen.

Am 25. Juni 1997 verabschiedeten das Repräsentantenhaus und der Senat mit großer Mehrheit ihre jeweiligen Budgetvorschläge[322], die den Kompromiß mit dem Präsidenten enthielten. Da aber beide verabschiedeten Versionen noch Unterschiede aufwiesen, mußte der Vermittlungsausschuß angerufen werden. Dieser konnte zwei Gesetze zusammenstellen, denen sowohl beide Kammern des Kongresses als auch der Präsident zustimmen konnten. Unter dem Namen *The Balanced Budget Act of 1997* und *The Taxpayers Relief Act of 1997* wurde der Haushaltsausgleich gesetzlich festgeschrieben[323]. Am 5. August 1997 unterschrieb der Präsident beide Gesetze. Anläßlich der dazu stattfindenden Zeremonie im Park des Weißen Hauses sagte Bill Clinton:

„In a few moments I will sign into law the first balanced budget in a generation – a balanced budget that honors our values, puts our fiscal house in order, expands vistas of opportunity for all our people, and fashions a new government to lead in a new era...

---

[320] s. Frankfurter Allgemeine Zeitung vom 3. Mai 1997.

[321] ebd.

[322] s. Frankfurter Allgemeine Zeitung vom 27. Juni 1997.

[323] Klages, S. 198f.

Today, our budget deficit has been cut by more than 80 percent. It is now among the smallest in the industrialized world as a percentage of our economy...

[T]his balanced budget deals with the big issues of the deficit and long-term economic growth in ways that respond to the practical challenges ordinary American citizens face every single day...

We can say with pride and certainty that those who saw the sun setting on America were wrong. The sun is rising on America again. "[324]

Die Ausarbeitung und Verabschiedung des *Balanced Budget Act* und des *Taxpayers Relief Act* hatten die Kongreßarbeit an den dreizehn „appropriations bills" für das Budget 1997/98 erheblich verzögert. Obwohl die Frist für den Beginn des Haushaltsjahres – der 1. Oktober 1997 – überschritten wurde, finanzierte der Kongreß die Bundesverwaltung durch „continuing resolutions" weiter[325]; eine Schließung der Bundesbehörden oder sogar die Drohung, dies zu tun, kam im Vergleich zu 1995/96 überhaupt nicht mehr in Betracht.

Der Präsident und der Kongreß konnten vielmehr zufrieden sein. Das Haushaltsdefizit war bis zum Ende des Haushaltsjahres 1996/97 dank steigender Einnahmen, einer boomenden Wirtschaft und sinkender Arbeitslosigkeit (1997: 5,0%) auf 22 Milliarden Dollar oder 0,3% des Bruttoinlandsproduktes gesunken[326]. Wenn man sich die im Jahre 1993 erstellte Defizitprognose von 300 Milliarden Dollar für 1997 vor Augen hält, war diese Entwicklung wahrlich beeindruckend. Die Vereinigten Staaten konnten also am Ende des Jahres 1997 damit rechnen, bereits 1999 einen ausgeglichenen Haushalt vorweisen zu können.

---

[324] http://www.pub.whitehouse.gov/uri-res/I2R?urn:pdi://oma.eop.gov.us/1997/8/5/4.text.1

[325] s. Frankfurter Allgemeine Zeitung vom 25. Oktober 1997.

[326] Klages, S. 58 und S. 72f.

2. Die Zeit der ausgeglichenen Haushalte (1998-2001)

In seiner *State of the Union Address* vom 27. Januar 1998 kündigte der Präsident für das Haushaltsjahr 1998/99 einen ausgeglichenen Haushalt an. Er präsentierte sich der Nation sowohl als „fiskalpolitisch klug vorsorgender Hausvater wie auch als ausgabenfreudiger Reformpolitiker"[327]. Unter anderem erklärte er:

> *„When I took office, the deficit for 1998 was projected to be $357 billion, and heading higher. This year, our deficit is projected to be $10 billion, and heading lower. For three decades, six presidents have come before you to warn of the damage deficits pose to our nation. Tonight, I come before you to announce that the federal deficit, once so incomprehensively large that it had 11 zeros, will be simply zero.*
>
> *I will submit to Congress, for 1999, the first balanced budget in 30 years...*
>
> *My plan to balance the budget next year includes both new investments and new tax cuts targeted to the needs of working families: for education, for child care, for the environment. "*[328]

Die in den kommenden Jahren erwarteten Haushaltsüberschüsse wollte der Präsident vor allem für die Sanierung des Sozialversicherungssystems verwenden, denn spätestens ab dem Jahre 2019 – wenn die geburtenstarken Jahrgänge der Nachkriegszeit[329] in Rente gehen werden – wird *Social Security* defizitär. Um dem vorzubeugen, sollte bereits zwanzig Jahre vorher die Finanzierung der Sozialversicherung gesichert werden, von der 1998 bereits 44 Millionen Amerikaner ihre Rente bezogen[330]. Die Republikaner hingegen traten für weitere Steuersenkungen und für einen Abbau der Bundesschuld ein, die 1998 bei 5400 Milliarden Dollar lag[331]. Die hohe Bundesschuld war zwischen 1981 und 1994 ständig angewachsen, da die in

---

[327] s. Frankfurter Allgemeine Zeitung vom 29. Januar 1998.

[328] http://www.washingtonpost.com/wp-...ics/special/states/docs/sou98.htm

[329] die sogenannte „baby-boom-generation"

[330] s. Frankfurter Allgemeine Zeitung vom 28. Februar 1998.

[331] s. Frankfurter Allgemeine Zeitung vom 3. Februar 1998.

diesem Zeitraum für die Schulden zu bezahlenden Zinsen höher als das Wirtschaftswachstum ausgefallen waren[332]. Den Republikanern lag nun daran, den durch die positive wirtschaftliche Entwicklung geförderten Rückgang der Bundesschuld mit Hilfe der Haushaltsüberschüsse zu beschleunigen. Die unterschiedlichen Vorstellungen von Exekutive und Legislative über die Verwendung der Überschüsse ließen einen neuen Streit erahnen.

Anfang Februar 1998 leitete Bill Clinton dem Kongreß sein ausgeglichenes Budget für 1998/99 zu, das ein Gesamtvolumen von 1,7 Billionen Dollar besaß. Prognostiziert wurde bereits für das laufende Haushaltsjahr ein Überschuß von 10 Milliarden Dollar, der nach dem Willen des Präsidenten nicht angetastet, sondern für die Sozialversicherung aufgehoben werden sollte. Clinton plante in seinem neuen Etat darüberhinaus neue Ausgaben und Steuererleichterungen in Höhe von 135 Milliarden Dollar, die in den kommenden fünf Jahren umgesetzt werden sollten, und er rief den Kongreß außerdem dazu auf, die ausstehenden Beitragszahlungen der Vereinigten Staaten für die Vereinten Nationen (UN) zu begleichen, die sich auf rund eine Milliarde Dollar beliefen. Schließlich forderte der Präsident 18 Milliarden Dollar für den Internationalen Währungsfonds (IWF)[333].

Dieser Clinton-Haushaltsentwurf wurde von Beginn an von den Republikanern v.a. deswegen kritisiert, weil der Präsident seine neuen Ausgaben im Sozial-, Bildungs- und Forschungsbereich nur mit den 65,5 Milliarden Dollar finanzieren konnte, die die Tabakindustrie in den kommenden Jahren zahlen mußte. Diese war nämlich wegen gesundheitsgefährdender Maßnahmen angeklagt und verurteilt worden. Wann und wie die Tabakindustrie die Strafgelder aufbringen und an den Staat überweisen sollte,

---

[332] Klages, S. 12f.
[333] s. Frankfurter Allgemeine Zeitung vom 3. Februar 1998 und vom 30. März 1998.

blieb jedoch in den ersten Monaten des Jahres 1998 noch vollkommen ungeklärt[334].

Bis in den Spätherbst 1998 wurde zwischen dem Weißen Haus und dem republikanisch geführten Kongreß über den Haushalt 1998/99 gestritten und verhandelt. Ende Mai korrigierte das *Office of Management and Budget* die Prognose für die noch 1998 vorgesehenen Haushaltsüberschüsse von 10 Milliarden Dollar auf 39 Milliarden Dollar. Das Haushaltsbüro des Kongresses ging sogar von Überschüssen in Höhe von 43 bis 63 Milliarden Dollar aus[335]. Diese überraschende Entwicklung hing mit der äußerst positiven wirtschaftlichen Gesamtsituation zusammen: die Wirtschaft war im Jahre 1997 durchschnittlich um 3,8%[336] gewachsen; im ersten Quartal des Jahres 1998 lag das Wachstum bei 4,2%[337]. Die Arbeitslosigkeit, die im März 1998 noch 4,7%[338] betragen hatte, sank im April auf 4,3%[339]. Im Juli 1998 stieg die Arbeitslosigkeit wieder leicht auf 4,5% an[340].

Für die zehn kommenden Jahre wurde mit Haushaltsüberschüssen von 1,6 Billionen Dollar gerechnet, wobei keiner die wirtschaftliche Entwicklung der Vereinigten Staaten während dieses Zeitraumes vorhersagen konnte. Die Republikaner, die selbst über die Verwendung der Überschüsse uneins waren, wollten dem Präsidenten aber entgegenkommen und bis zum Jahre 2009 600 Milliarden Dollar für die Sozialversicherung zurückhalten; eine Billion Dollar sollte jedoch für die Senkung von Steuern und der Bundesschuld verwendet werden, wobei der Notenbankchef Alan Greenspan, der eine Überhitzung der US-Wirtschaft und einen entsprechenden Infla-

---

[334] ebd. Siehe auch International Herald Tribune vom 4. Februar 1998.

[335] s. Frankfurter Allgemeine Zeitung vom 29. Mai 1998.

[336] s. Frankfurter Allgemeine Zeitung vom 2. Februar 1998.

[337] s. Frankfurter Allgemeine Zeitung vom 2. Mai 1998.

[338] s. Frankfurter Allgemeine Zeitung vom 4. April 1998.

[339] s. Frankfurter Allgemeine Zeitung vom 9. Mai 1998.

[340] s. Frankfurter Allgemeine Zeitung vom 10. August 1998.

tionsanstieg fürchtete, lediglich die Rückführung der Bundesschuld gut-
hieß[341].

Die Auseinandersetzungen zwischen dem Präsidenten und dem Kongreß
über den Haushaltsüberschuß führten dazu, daß zu Beginn des neuen Haus-
haltsjahres 1998/99 weder eine Haushaltsresolution noch die dreizehn
Haushaltsgesetze in Kraft getreten waren. Der Haushaltsüberschuß für das
Jahr 1997/98 hatte aber schließlich 70 Milliarden Dollar betragen[342], 60
Milliarden mehr als ursprünglich erwartet.

Da am 3. November 1998 die „mid-term-elections" anstanden und daher
eine Schließung der Bundesverwaltung verhindert werden sollte, wurde am
15. Oktober 1998 zwischen Bill Clinton und den Republikanern ein Haushaltskompromiß geschnürt. Der Präsident, der im Kongreß einem Amtsent-
hebungsverfahren wegen der sogenannten „Sex- und Meineid"- bzw. „Le-
winsky"- Affäre entgegensah, konnte sich mit den meisten seiner Forderungen durchsetzen: keine größere Steuersenkung, mehr Finanzmittel für
das Erziehungswesen und die Landwirtschaft sowie 17,9 Milliarden Dollar
für den Internationalen Währungsfond. Der Verteidigungshaushalt wurde
jedoch erheblich angehoben, und ein Kompromiß über die UN-Beiträge
scheiterte[343]. Auch das Problem der Haushaltsüberschüsse blieb ungelöst.

Dank der seit Anfang Oktober 1998 von der US-Notenbank verfolgten
Zinssenkungspolitik[344], blieb das Wachstum der amerikanischen Wirtschaft
weiterhin robust. Im Dezember 1998 lag die Arbeitslosigkeit beispielsweise
wieder bei 4,3%[345] und das durchschnittliche Wachstum für 1998 wurde
mit 3,9% beziffert[346]. Obwohl die Beziehungen zwischen Exekutive und

---

[341] s. Frankfurter Allgemeine Zeitung vom 25. Juli 1998.

[342] s. Frankfurter Allgemeine Zeitung vom 1. Oktober 1998.

[343] s. Frankfurter Allgemeine Zeitung vom 17. Oktober 1998.

[344] s. Frankfurter Allgemeine Zeitung vom 26. November 1998.

[345] s. Frankfurter Allgemeine Zeitung vom 11. Januar 1999.

[346] s. Frankfurter Allgemeine Zeitung vom 30. Januar 1999 und vom 1. März 1999.

Legislative wegen des bevorstehenden Amtsenthebungsverfahrens gegen den Präsidenten mehr als gespannt waren, zog Bill Clinton am 19. Januar 1999 in seiner Rede zur Lage der Nation eine positive Bilanz seiner Finanz- und Wirtschaftspolitik:

„Tonight I stand before you to report that America has created the longest peacetime economic expansion in our history – with nearly 18 million new jobs, wages rising at more than twice the rate of inflation,..., and the lowest peacetime unemployment since 1957. For the first time in three decades, the budget is balanced. From a deficit of $290 billion in 1992, we had a surplus of $70 billion last year. And now we are on course for budget surpluses for the next 25 years. "[347]

Über die Verwendung der Haushaltsüberschüsse sagte der Präsident:

„With the number of elderly Americans set to double by 2030, the baby boom will become a „senior boom". So first and above all, we must save Social Security for the 21st century...

Specifically, I propose that we commit 60 percent of the budget surplus for the next 15 years to Social Security... Now, last year, we wisely reserved all of the surplus until we knew what it would take to save Social Security...[O]nce we have saved Social Security, we must fulfill our obligation to save and improve Medicare...Tonight I propose that we use one out of every six dollars in the surplus for the next 15 years to guarantee the soundness of Medicare until the year 2020. "[348]

Konkret plante der Präsident die Verteilung der Haushaltsüberschüsse auf folgende Weise:

- 62% für die Sanierung der Sozialversicherung
- 15% für die Finanzierung von Medicare[349]
- 11% für Steuererleichterungen
- 11% für militärische und andere Programme[350].

---

[347] http://www.cnn.com/ALLPOLITICS/...ies/1999/01/19/sotu.transcript/
[348] ebd.
[349] s. dazu auch Frankfurter Allgemeine Zeitung vom 2. Juli 1999.
[350] s. International Herald Tribune vom 21. Januar 1999.

Das Wirtschaftswachstum zeigte sich auch zu Beginn des Jahres 1999 von den politischen Ereignissen[351] unbeeindruckt. Die Tatsache, daß die Arbeitslosenquote auf einem Tiefstand von 4,3 Prozent verharrte, ließ die durchschnittlichen Löhne ansteigen[352]. Die Lage auf dem Arbeitsmarkt verschärfte sich im Frühjahr 1999 weiter, als die Arbeitslosigkeit für kurze Zeit auf 4,2% sank[353]. Angesichts dieser positiven wirtschaftlichen Gegebenheiten und da eine Regelung über die Haushaltsüberschüsse noch nicht getroffen worden war, beschloß der Kongreß im Juli 1999 den „Financial Freedom Act", der während der kommenden zehn Jahre Steuersenkungen in Höhe von 792 Milliarden Dollar ermöglichen sollte[354]. Präsident Clinton legte aber sein Veto gegen die republikanischen Pläne ein und bekräftigte seinen Willen, die Haushaltsüberschüsse vor allem für die Sozialversicherung zu verwenden[355].

Wie es bereits in den Vorjahren der Fall gewesen war, konnte auch zum 1. Oktober 1999 die Mehrzahl der Bewilligungsgesetze für den Haushalt 1999/2000 nicht rechtzeitig verabschiedet werden. Die Bundesbehörden wurden durch eine „continuing resolution" weiterfinanziert. Der Streit zwischen Bill Clinton und dem republikanischen Kongreß hatte sich v.a. an den Forderungen des Präsidenten nach mehr Finanzmitteln für das Sozial-, Erziehungs- und Ausbildungswesen entzündet. Der Präsident lehnte außerdem die Forderungen der Republikaner nach mehr Industriesubventionen ab. Schließlich war die Höhe der Auslandshilfe und das Volumen des Verteidigungshaushaltes umstritten[356]. Erst am 19. bzw. 20. November 1999 konnte die Arbeit am Haushalt 1999/2000 beendet werden. Der Präsident hatte seine Budgetprioritäten überwiegend verwirklichen können. Wie im

---

[351] Am 12. Februar 1999 scheiterte im Senat die Amtsenthebung von Präsident Clinton.

[352] s. Frankfurter Allgemeine Zeitung vom 6. Februar 1999.

[353] s. Frankfurter Allgemeine Zeitung vom 5. Juni 1999 und vom 3. Juli 1999.

[354] s. Frankfurter Allgemeine Zeitung vom 24. Juli 1999.

[355] s. Frankfurter Allgemeine Zeitung vom 25. September 1999.

[356] s. Frankfurter Allgemeine Zeitung vom 20. und 21. Oktober 1999.

Jahr zuvor konnte der Haushalt 1999/2000, der mit 1,75 Billionen Dollar um 36 Milliarden Dollar höher ausfiel als der Etat 1998/99, jedoch nur durch Anleihen aus den Sozialversicherungsüberschüssen ausgeglichen werden[357]. Unter anderem wurde der Verteidigungshaushalt um 17 Milliarden Dollar erhöht; die Vereinten Nationen, denen die Vereinigten Staaten insgesamt 926 Millionen Dollar schuldeten, sollten lediglich 351 Millionen Dollar erhalten. Schließlich wurden 41 Entwicklungsnationen ein Teil ihrer Schulden gestrichen[358]. Präsident Clinton lobte den Haushaltskompromiß mit den Worten:

„To Congress I say: We've done a good job for the American people by working together. Let's keep working together, build on our progress and get the right things done for the American people."[359]

Während die US-Notenbank am 16. November 1999 zum dritten Mal die Leitzinsen erhöhte, um Auswirkungen der Asienkrise und um einer inflationären Entwicklung entgegenzusteuern[360], blieb die Situation auf dem amerikanischen Arbeitsmarkt auch Ende 1999 angespannt. Die Arbeitslosigkeit war mit 4,1% auf den niedrigsten Stand seit Januar 1970 gefallen[361]. Beim Amtsantritt Präsident Clintons lag die Quote noch bei 7,3%. Jeder Bundesstaat außer Hawaii hatte seit 1993 einen Rückgang der Arbeitslosigkeit verzeichnen können (siehe Anhang). Der stärkste Rückgang der Arbeitslosigkeit wurde in Massachusetts registriert, wo die Quote von 8,6% auf 3,2% sank. Auch bei den Minderheiten war die Arbeitslosigkeit spürbar gesunken. Die Arbeitslosenquote unter Afro-Amerikanern sank von 14,2% im Jahre 1992 auf 8,1% im November 1999. Im gleichen Zeitraum sank die

---

[357] s. Frankfurter Allgemeine Zeitung vom 20. und 22. November 1999.

[358] http://www.nytimes.com/library/politics/112099spend-congress.html

[359] http://www.dailynews.yahoo.com/h/nm/19991120/ts/budget_clinton_1.html

[360] s. Frankfurter Allgemeine Zeitung vom 15. und 17. November 1999.

[361] s. Frankfurter Allgemeine Zeitung vom 8. Januar 2000.

Erwerbslosigkeit unter den Hispanics[362] von 11,6% auf 6,0%. Der wirtschaftliche Aufschwung war also allen Amerikanern zugute gekommen[363].

Die amerikanische Wirtschaft war im Jahre 1999 durchschnittlich um 4,6% gewachsen: im ersten Quartal um 3,7%, im zweiten Quartal um 1,9%, im dritten Quartal um 5,7% und im letzten Quartal um erstaunliche 6,9%.

Diese Zahlen nahm die Clinton-Administration zum Anlaß, am 3. Dezember 1999 – nach fast sieben Jahren Amtszeit – eine finanz- und wirtschaftspolitische Bilanz zu ziehen. Der Präsident sagte in einer Rede zur wirtschaftlichen Entwicklung:

„When I ran for President in 1992, it was a time of economic distress and uncertainty for our country. While some people were moving from the industrial to the information economy with optimism and purpose, many others felt fear and uncertainty because of the problems in our economy – high unemployment, big deficits, high interest rates, low productivity gains, falling real wages for average Americans...

Now, in 1993, we put in place a new economic strategy. It cut the deficit and increased investment... In 1997, with the Balanced Budget Act, we continued the strategy,..., first balancing the budget and then providing the first back-to-back budget surpluses in 42 years... Now, that led to lower interest rates, which helped ordinary Americans in all kinds of ways...

Now, as a result of these actions – ... – we are now experiencing an amazing virtuous cycle of progress and prosperity that few could have imagined. "[364]

Darüberhinaus veröffentlichte die Regierung am gleichen Tag eine Zusammenstellung ihrer beeindruckenden finanz- und wirtschaftspolitischen Bilanz, die dem Vize-Präsidenten Gore zweifellos während des beginnenden Präsidentschaftswahlkampfes politisch nutzen sollte. Albert Gore konnte sich in den Vorwahlen der Demokratischen Partei, die am 24. Januar 2000 mit den Parteiversammlungen in Iowa beginnen würden, und im anschlie-

---

[362] Die Amerikaner spanischer und lateinamerikanischer Herkunft

[363] http://www.pub.whitehouse.gov/uri...oma.eop.gov.us/1999/12/7/3.text.1

[364] http://www.pub.whitehouse.gov/uri...oma.eop.gov.us/1999/12/6/1.text.1

ßenden Wahlkampf gegen den republikanischen Herausforderer darauf be-
rufen, ein aktiver Teil der Administration gewesen zu sein, die folgende
Erfolge für sich verbuchen konnte:

- 20 Millionen neue Arbeitsplätze, von denen 92 Prozent im privaten
  Sektor geschaffen worden und 81 Prozent mit hohen Einkommen ver-
  bunden sind;

- Rückgang der Arbeitslosigkeit um 3,2 Prozent;

- Durchschnittlich wachsende Realeinkommen von 6,5 Prozent;

- Niedrige Inflationsrate von 1,9 Prozent im Jahre 1999;

- Abbau des Haushaltsdefizits und Erwirtschaftung hoher Haushaltsüberschüsse (1999: 124 Milliarden Dollar)[365].

All dies verkündete der Präsident erneut am 27. Januar 2000 in seiner letzten Rede zur Lage der Nation:

*„Eight years ago, it was not so clear to most Americans there would be much to ce-
lebrate in the year 2000. Then our nation was gripped by economic distress, social dec-
line, political gridlock... In the best traditions of our nation, Americans determined to
set things right....*

*[T]wo years ago, as we reached across party lines to reach our first balanced budget, I
asked that we meet our responsibility to the next generation by maintaining our fiscal
discipline. Because we refused to stray from that path, we are doing something that
would have seemed unimaginable seven years ago. We are actually paying down the
national debt. Now, if we stay on this path, we can pay down the debt entirely in 13 just
years now and make America debt-free for the first time since Andrew Jackson was
President in 1835. "*[366]

In seiner letzten großen Rede als Präsident präsentierte sich Bill Clinton als
Repräsentant des „big government". In seiner Rede zur Lage der Nation

---

[365] http://www.pub.whitehouse.gov/uri...oma.eop.gov.us/1999/12/7/3.text.1
[366] http://www.whitehouse.gov/WH/SOTU00/sotu-text-html

forderte der Präsident neue Ausgabeninitiativen in Höhe von rund 350 Milliarden Dollar und Steuersenkungen von weiteren 350 Milliarden Dollar, die innerhalb der nächsten zehn Jahre umgesetzt werden sollten. Außerdem verlangte der Präsident die Erhöhung des Mindestlohns um einen Dollar auf 7,25 $ pro Stunde[367].

Doch nicht nur durch diese ehrgeizigen Forderungen versuchte Bill Clinton die Zeit nach seiner Präsidentschaft zu beeinflussen. Anfang Januar 2000[368] nominierte er den amtierenden US-Notenbankchef Alan Greenspan für eine vierte volle Amtsperiode[369], eine Entscheidung, die dann auch am 3. Februar 2000 vom Senat bestätigt wurde[370]. Greenspan, der als einer der Väter des amerikanischen Wirtschaftsaufschwungs gilt und Anfang Februar 2000 ein weiteres Mal die Zinsen anhob, um einer möglichen Inflationsgefahr entgegenzuwirken, sollte dem nächsten Präsidenten auf jeden Fall zur Seite stehen, wenn es darum gehen würde, die längste wirtschaftliche Aufschwungsperiode der Vereinigten Staaten zu erhalten.

Am 7. Februar 2000 veröffentlichte der Präsident seinen letzten Budgetentwurf für das Haushaltsjahr 2000/2001. Der Haushalt sollte ein Volumen von 1,835 Billionen Dollar haben mit Gesamteinkünften von 2,019 Billionen Dollar. Der Haushaltsüberschuss für 2000/2001 hätte also eine Größenordnung von 184 Milliarden Dollar. Für das laufende Haushaltsjahr 1999/2000 erwartete die Regierung einen Haushaltsüberschuß von 167 Milliarden Dollar[371]. Am 12. Mai 2000 veröffentlichte das Haushaltsbüro des Kongresses einen Bericht, wonach die Haushaltsüberschüsse dank steigender Steuereinnahmen die 200 Milliarden Dollar übersteigen würden.

---

[367] s. Frankfurter Allgemeine Zeitung vom 29. Januar 2000.

[368] s. Frankfurter Allgemeine Zeitung vom 5. Januar 2000.

[369] Alan Greenspan war von 1987 bis 1988, von 1988 bis 1992, von 1992 bis 1996 und von 1996 bis 2000 Chairman der US-Notenbank

[370] s. Frankfurter Allgemeine Zeitung vom 4. Februar 2000.

[371] http://dailynews.yahoo.com/h/nm/20000207/ts/budget_leadall_5.html

Über einen Zeitraum von zehn Jahren plante der Präsident in seinem Haushalt Steuererleichterungen von 351 Milliarden Dollar, die v.a. den unteren und mittleren Einkommensschichten zugute kommen sollten. Die Steuersenkungen sollten durch das Schließen von Steuerschlupflöchern und durch neue Steuern aufgewogen werden; alleine 66 Milliarden Dollar sollten durch die Erhöhung der Tabaksteuer in den Staatshaushalt gelangen[372]. Die Haushaltsüberschüsse würden nach der Clinton-Administration in der kommenden Dekade ein Gesamtvolumen von 746 Milliarden Dollar erreichen; die Überschüsse der Sozialversicherung würden insgesamt 2,92 Billionen Dollar betragen. Angesichts dieser Zahlen sah der Präsident die Rückführung der öffentlichen Schuld als oberste Priorität an, die sich auf insgesamt 5,7 Billionen Dollar angehäuft hatte. Davon entfielen 3,7 Billionen Dollar auf die öffentliche Hand, 2 Billionen Dollar schuldete der Staat u.a. der Sozialversicherung. Außerdem enthielt der Plan des Weißen Hauses 168 Milliarden Dollar an Abschreibungen beim Kauf von Medikamenten, 65 Milliarden Dollar für die Landwirtschaft und weitere Ausgaben für das Erziehungswesen[373]. Die Verteidigungsausgaben wurden kräftig auf 305,4 Milliarden Dollar angehoben[374].

Doch sowohl die hohe Verschuldung der öffentlichen Hand als auch das hohe Leistungsbilanzdefizit und die hohe Auslandsschuld, beeinträchtigten nach Meinung der Wirtschaftsberater des Präsidenten den amerikanischen Wirtschaftsaufschwung in keinerlei Weise. Sicher ist jedoch, daß im Frühjahr 2000 niemand eine Prognose über die weitere wirtschaftliche Entwicklung der USA machen konnte. Obwohl die Arbeitslosigkeit im Januar 2000 4,0%, im Februar und März 2000 4,1% und im April 2000 3,9% betrug[375], waren auch weiterhin keine Inflationsgefahren zu befürchten. Dennoch blieben Alan Greenspan und die US-Notenbank wachsam: Ende März

---

[372] http://www.nga.org/Releases/PR-08Feb2000Budget.asp

[373] http://dailynews.yahoo.com/h/ap/20000207/pl/budget_glance_5.html

[374] http://dailynews.yahoo.com/h/nm/20000207/pl/budget_defense_1.html

[375] s. Frankfurter Allgemeine Zeitung vom 4. März 2000.

2000 wurden die Zinsen innerhalb von neun Monaten zum fünften Mal erhöht, um möglichen inflationären Entwicklungen von vornherein entgegenzutreten. Im Mai 2000 erfolgte eine erneute Zinserhöhung. Die konsekutiven Zinserhöhungen schienen im Mai langsam zu greifen, da in diesem Monat die Arbeitslosenquote wieder leicht auf 4,1% stieg und sich das Wirtschaftswachstum auf ca. 4% bis 4,5% abschwächte[376]. Dabei mußte natürlich beachtet werden, daß zu hohe Zinsen die Wirtschaft nicht über Gebühr verlangsamen[377], eine Befürchtung, die v.a. in der Demokratischen Partei und bei ihrem Präsidentschaftskandidaten Vize-Präsident Albert Gore verbreitet war.

Der Budgetierungsprozeß des Jahres 2000 stand zweifellos im Licht der bevorstehenden Präsidentschaftswahlen. Am 10. März 2000 konnten sich die republikanischen Haushaltsausschuß-Vorsitzenden des Repräsentantenhauses und des Senats auf die Grundlinien eines Haushaltsplanes einigen, wobei jene Bestrebungen innerhalb der Republikanischen Partei abgewehrt werden mußten, die das Ziel hatten, die auf fünf Jahre angelegten Steuersenkungsvorschläge von 483 Milliarden Dollar des republikanischen Präsidentschaftskandidaten George W. Bush in den Budgetplan des Kongresses für das Jahr 2000/2001 aufzunehmen[378]. Auf dem Kompromißentwurf beruhend, verabschiedete das Repräsentantenhaus am 24. März 2000 mit 211 zu 207 Stimmen seinen Haushaltsplan[379]. Zu Beginn des Monats, am 9. März 2000, hatte das Repräsentantenhaus mit 257 zu 169 Stimmen der Erhöhung des Mindestlohns um einen Dollar zugestimmt, wobei das Gesetz mit Steuersenkungen in Höhe von 46 Milliarden Dollar in fünf Jahren

---

[376] s. Frankfurter Allgemeine Zeitung vom 3. Juni 2000.
[377] s. TIME-Magazine vom 3. April 2000, S. 44-45.
[378] s. dazu http://dailynews.yahoo.com vom 21. März 2000.
[379] s. dazu http://dailynews.yahoo.com vom 24. März 2000.

bzw. 123 Milliarden Dollar in zehn Jahren gekoppelt war. 41 demokratische Abgeordnete hatten mit den Republikanern gestimmt[380].

Am 7. April 2000 folgte der Senat mit der Verabschiedung seines Etatentwurfs. 51 Senatoren votierten für das Programm, wobei die republikanischen Senatoren Lincoln Chafee aus Rhode Island und George Voinovich aus Ohio mit 43 demokratischen Senatoren dagegen stimmten. Zuvor war es Senator Edward M. Kennedy mit einem Abstimmungsergebnis von 51 zu 49 Stimmen gelungen, 2,7 Milliarden Dollar aus dem Steuersenkungspaket von 150 Milliarden Dollar herauszunehmen und als Beihilfe für Studenten dem Erziehungswesen zuzuschlagen[381]. Am 13. April 2000 verabschiedeten das Repräsentantenhaus (220 zu 208) und der Senat (50 zu 48) fristgerecht ihre Haushaltspläne[382].

Die Ausgabensumme im Haushaltsplan des Präsidenten und in den Plänen des Repräsentantenhauses sowie des Senats unterschieden sich kaum. Auch beim Schuldenabbau waren sich das Weiße Haus und der Kongreß einig: Beide Institutionen wollten die rund eine Billion Dollar an Sozialversicherungsüberschüssen, die bis 2005 anfallen würden, für die Schuldentilgung verwenden. Wie in den Vorjahren war bei den Themen Steuern und Ausgaben jedoch Streit vorprogrammiert. Der Senat wollte in den nächsten fünf Jahren mindestens 147 Milliarden Dollar an Steuersenkungen erreichen, das Repräsentantenhaus gar 150 Milliarden Dollar, wobei die Option im Raum stand, die Steuererleichterungen auf 240 Milliarden Dollar aufzustocken. Bill Clinton hingegen plante bis 2005 Steuersenkungen von 99 Milliarden Dollar mit 96 Milliarden Dollar Steuererhöhungen auf Zigaretten und bestimmte Unternehmen. Auch bei den Medicare-Ausgaben, beim Bildungswesen und beim Verteidigungshaushalt mußten Kompromisse ge-

---

[380] s. dazu http://dailynews.yahoo.com vom 11. März 2000.

[381] http://dailynews.yahoo.com/h/ap/20000407/pl/budget_50.html

[382] http:// www.dailynews.yahoo.com/h/ap/20000414/pl/budget_62.html

funden werden, wenn die Republikaner nicht das Veto des Präsidenten heraufbeschwören wollten[383].

Der Präsident und der Kongreß waren also bis zum Ende des laufenden Haushaltsjahres verpflichtet, einen Kompromiß zu erarbeiten. Ein Hinweis auf Kompromißbereitschaft war das im Mai 2000 gescheiterte Vorhaben des Präsidenten und der republikanischen Führung, den Budgetierungsprozeß zu reformieren. Geplant war z.B. ein zweijähriger Haushalt, mehr Mitsprache des Präsidenten und die eingeschränkte Nutzung von „emergency spending"[384].

Die Haushaltsverhandlungen des Jahres 2000 verliefen aber trotz oder gerade wegen des Präsidentschaftswahlkampfes genauso zäh wie in den sechs vorangegangenen Jahren. Das Vorhaben, vor Inkrafttreten des neuen Haushaltsjahres einen Kompromißhaushalt ausgehandelt und verabschiedet zu haben, wurde nicht erreicht. Die Etatverhandlungen, die von steigenden Haushaltsüberschußprognosen[385] und konstant niedriger Arbeitslosigkeit[386] begleitet wurden, zogen sich den gesamten Sommer hin, wobei der Präsident auch nicht davor zurückscheute, neue Ausgabenfelder in die Diskussion zu bringen. Beispielsweise schlug Bill Clinton Ende Juni 2000 vor, über zehn Jahre hinweg 58 Milliarden Dollar für ältere Amerikaner auszugeben, die bei ihren hohen Medikamentenausgaben vom Staat unterstützt werden sollten[387]. Der Präsident sagte hierzu in seiner wöchentlichen Radioansprache:

---

[383] http://dailynews.yahoo.com/h/ap/20000407/pl/budget_glance_1.html

[384] http:// washingtonpost/articles/A15259-2000May16.html

[385] s. Le Monde vom 28. Juni 2000.

[386] 4,0% im Juni 2000, s. Frankfurter Allgemeine Zeitung vom 8. Juli 2000.

[387] http://dailynews.yahoo.com/h/nm/20000624/ts/clinton_medicare_dc_2.html

„I will unveil specific protections for catastrophic drug expenses, to ensure that no senior pays more than $4,000 in prescription drugs and keeping premiums at $25 a month.“[388]

Als im September 2000 sowohl der Beginn des neuen Haushaltsjahres als auch die Vertagung des Kongresses wegen des in die letzte Phase tretenden Wahlkampfs näherrückte, kam es zu Gesprächen zwischen dem Weißen Haus und den Kongreßführern, um eine Lösung im Haushaltsstreit zu erreichen. Anfang September warteten immer noch elf der dreizehn Haushaltsgesetze auf ihre Verabschiedung. Der Präsident, der zuvor zweimal sein Veto gegen Steuersenkungsgesetze eingelegt hatte, konnte in einem ersten Schritt erreichen, daß seine zusätzlichen Mittelforderungen für das Erziehungswesen von den Republikanern akzeptiert wurden. Außerdem bestand zwischen beiden Seiten Einigkeit, den Mindestlohn um einen Dollar pro Stunde anzuheben[389]. Die Verwendung der Haushaltsüberschüsse, die sich im auslaufenden Haushaltsjahr auf mindestens 230 Milliarden Dollar[390] beliefen, blieb jedoch weiterhin umstritten. Obwohl zur Tilgung der Bundesschuld von 5,7 Billionen Dollar von 1998 bis 2000 360 Milliarden Dollar aufgebracht worden waren, forderten die Republikaner stärkere Steuersenkungen und einen radikaleren Abbau der Bundesschuld[391].

Da Anfang Oktober nur vier der dreizehn Haushaltsgesetze dem Präsidenten zur Unterzeichnung vorgelegt worden waren, mußte die Bundesverwaltung – wie in den vorangegangenen Jahren auch – mit „extension bills“ weiterfinanziert werden. Am 6. Oktober 2000 wurde Bill Clinton das fünfte Haushaltsgesetz mit einem Volumen von 58 Milliarden Dollar zugeleitet. Das Gesetz, das die untere Kammer mit 344 zu 50 und den Senat mit 78 zu 10 Stimmen passiert hatte, deckte das Verkehrswesen ab und enthielt im

---

[388] ebd.

[389] Wysiwyg://94/http://washingtonpost.com/wp-dyn/articles/A59821-2000Sep12.html

[390] vgl. 1998: 69,2 Milliarden Dollar, 1999: 122,7 Milliarden Dollar. Der Haushaltsüberschuß 2000 belief sich schließlich auf 237 Milliarden Dollar.

[391] s. 2wysiwyg://23/http://www.cnn.com/2000/A...ories/09/27/clinton.surplus/index.html

Vergleich zum abgelaufenen Haushalt 7,3 Milliarden Dollar an Mehrausgaben[392].

Im Laufe des Oktober verabschiedete der Kongreß weitere Ausgabengeset-
ze, u.a. zur Landwirtschaft und Verteidigung. Bei den Gesetzen zum Erzie-
hungs- und Gesundheitswesen sowie zur Finanzierung des Außen-, Han-
dels- und Justizministeriums blieben die Fronten jedoch starr[393]. Bei der
Unterzeichnung der dritten „extension bill" sagte der Präsident:

> „It's time for Congress to act. It's unfair to ask America's children to lift themselves up
> in school buildings that are falling down. At this time of unprecedented prosperity, there
> is no reason we can't put partisanship aside and make the investments we know will
> move our nation forward, especially in the education of our children."[394]

Ende Oktober intensivierten sich die Haushaltsverhandlungen erneut. Nur
noch zwei der dreizehn Etatgesetze waren umstritten: das Gesetz zum Er-
ziehungs- und Gesundheitswesen, welches ein Volumen von 350 Milliarden Dollar aufwies, und das Gesetz zur Finanzierung des Außen-, Handels-
und Justizministeriums. Letzteres stieß bei der republikanischen Mehrheit
v.a. wegen der Forderung des Präsidenten auf Ablehnung, eine Million illegal in den USA lebender Ausländer zu amnestieren[395]. Die Atmosphäre
zwischen Exekutive und Legislative verschlechterte sich aber am 30. Oktober 2000, als Präsident Clinton ein Ausgabengesetz, das die Finanzierung
des Kongresses und des Weißen Hauses sicherstellte, mit seinem Veto belegte. In einer Ansprache erklärte Bill Clinton:

> „The Congress' continued refusal to focus on the priorities of the American people lea-
> ves me no alternative but to veto this bill. I cannot in good conscience sign a bill that

---

[392] http://dailynews.yahoo.com/h/ap/20001006/pl/congress_spending_52.html

[393] s. http://dailynews.yahoo.com/h/ap/20001013/ts/congress_spending_63.html

[394] http://dailynews.yahoo.com/h/ap/20001014/pl/clinton_budget_3.html

[395] s. http://dailynews.yahoo.com/h/nm/20001030/pl/budget_dc_6.html

funds the operations of the Congress and the White House before funding our class-rooms, fixing our schools and protecting our workers."[396]

Angesichts dieser Situation vertagte sich der Kongreß am 3. November bis nach den Präsidentschaftswahlen, die vier Tage später anstanden. Zuvor hatten die Parlamentarier ein weiteres Überbrückungsgesetz verabschiedet, das die Bundesverwaltung bis zum 14. November weiterfinanzieren sollte[397].

Angesichts der umstrittenen Präsidentschaftswahl und da sich der Präsident im November in Südostasien aufhielt, kehrte der Kongreß am 5. Dezember 2000 nach Washington D.C. zurück, um den Haushalt endgültig unter Dach und Fach zu bringen. Es lag auch wieder die Drohung in der Luft, die Bundesverwaltung zu schließen, falls der Präsident auf seiner Position beharre[398]. Beide Parteien bewegten sich jedoch wieder aufeinander zu. Dies lag v.a. an der „lame-duck"-Position des Präsidenten und des Kongresses. Bill Clinton würde das Weiße Haus am 20. Januar 2001 verlassen, der neue Kongreß würde bereits am 3. Januar 2001 konstituiert, so daß der Haushalt bis dahin abgeschlossen sein mußte. Am 15. Dezember 2000 kam es schließlich zur Verabschiedung der letzten Haushaltsgesetze. Der Gesamthaushalt hatte ein Volumen von 1,8 Billionen Dollar, 40 Milliarden Dollar an Mehrausgaben gegenüber dem am 30. September 2000 abgelaufenen Haushalt. Bill Clinton konnte sich beim Gesetz zum Erziehungs- und Gesundheitswesen durchsetzen. Das entsprechende Etatgesetz umfaßte 351 Milliarden Dollar, 13 Milliarden höher als im Haushalt für 1999/2000 veranschlagt gewesen war. 6,5 Milliarden Dollar waren für den Bau von Schulen vorgesehen, 2,5 Milliarden für die medizinische Forschung. Der Präsident mußte aber beim zukünftigen Status von illegal in den USA le-

---

[396] http://dailynews.yahoo.com vom 31. Oktober 2000.

[397] http://dailynews.yahoo.com/h/nm/20001103/pl/congress_leadall_dc_2.html

[398] s. http://dailynews.yahoo.com/h/ap/20001206/ts/congress_clinton_12.html

benden Ausländern Abstriche machen. Der Kern seiner Forderung blieb aber erhalten[399].

Am 21. Dezember 2000 unterzeichnete der Präsident seinen letzten Haushalt. Bei der Unterzeichnungszeremonie sagte Bill Clinton:

„This budget takes the long look ahead – to educate our children, renew our communities and build our common future... If we stay on this course, our best days are a-head."[400]

Diese Aussage und die von Präsident Bill Clinton über acht Jahre verfolgte Finanz- und Haushaltspolitik nahm seinen Nachfolger George W. Bush in die Pflicht, den eingeschlagenen Weg weiterzuverfolgen und zu sichern. Eines ist aber auf jeden Fall sicher: William J. Clinton wird als der US-Präsident in die Geschichte eingehen, der der längsten wirtschaftlichen Wachstumsperiode der Vereinigten Staaten vorstand und es geschafft hat, „big government" mit einer soliden Finanzhaltung zu vereinen.

---

[399] http://dailynews.yahoo.com/h/nm/20001216/pl/budget_leadall_dc_20.html

[400] http://dailynews.yahoo.com/h/nm/20001221/pl/clinton_budget_dc_4.html

Schlußwort

Als Bill Clinton im Januar 1993 das Amt des Präsidenten der Vereinigten Staaten übernahm, war auch anhand seiner Politik nicht vorhersehbar, daß die Vereinigten Staaten einer blühenden Wirtschaftsperiode entgegengingen, die fünf Jahre später mit ungeahnten jährlichen Haushaltsüberschüssen ihren Höhepunkt erreichen würde. Präsident Clinton ist bei der Beseitigung des Haushaltsdefizits zweifellos überaus erfolgreich gewesen. Man darf dabei jedoch auch nicht die makroökonomischen Bedingungen unter Bill Clintons Präsidentschaft außer acht lassen. Präsident Reagan begann seine Amtszeit mit einer ansetzenden Rezession, Bill Clintons erste Amtszeit stand am Ende einer Rezession. Der Präsident traf darüber hinaus in den beiden ersten Jahren seiner Amtszeit auf eine Mehrheit seiner Partei im Kongreß und konnte so den Weg des Defizitabbaus mit mehr Rückhalt in die Wege leiten. Doch ohne den Druck, der seit 1995 vom republikanischen Kongreß ausging, sähe das Ergebnis anders aus. Politisch hat v.a. der Präsident von der Konfrontation mit dem republikanischen Kongreß profitiert, weil er sich als quasi überparteilicher, dem Wohl der Bevölkerung verpflichteten Regierungschef darstellen konnte und so seit Franklin D. Roosevelt der erste Demokrat ist, dem zwei volle Amtszeiten vergönnt waren. Schließlich darf die entscheidende Rolle der US-Notenbank und ihres Vorsitzenden Alan Greenspan nicht übersehen werden, der den Präsidenten in seiner Politik des Defizitabbaus bestärkte.

Bill Clinton hat in seiner zweiten Amtszeit eine erstaunlich solide Popularität genossen. Sicherlich liegt dies v.a. an der wirtschaftlichen Blüte, von der fast jeder Amerikaner in seiner Amtszeit profitierte. Das wichtigste jedoch ist, daß Präsident Clinton seinem Geburtsort Hope treu geblieben ist. Er hat den Amerikanern trotz der Affären seiner Präsidentschaft wieder Hoffnung in die Zukunft gegeben. Seine letzte *State of the Union Address* ist dafür beispielhaft:

„You know, when the framers finished crafting our Constitution in Philadelphia, Benjamin Franklin stood in Independence Hall and he reflected on the carving of the sun

that was on the back of a chair he saw. The sun was low on the horizon. So he said this: ‚I've often wondered whether that sun was rising or setting. Today', Franklin said, ‚I have the happiness to know it's a rising sun.' Today, because each succeeding generation of Americans has kept the fire of freedom burning brightly, lighting those frontiers of possibility, we all still bask in the glow and the warmth of Mr. Franklin's rising sun. "[401]

---

[401] http://www.whitehouse.gov/WH/SOTU00/sotu-text.html

Bibliographie

1. Quellen:

- Frankfurter Allgemeine Zeitung

- International Herald Tribune

- Internet

- Le Monde Diplomatique

- Mannheimer Morgen

- Newsweek

- Rhein-Neckar-Zeitung

- TIME-Magazine

2. Artikel und Monographien:

- Adams, Willi Paul / Czempiel, E.-O. / Ostendorf, B. / Shell, K.L. / Spahn, P.B. / Zöller, M. (Hrsg.), *Länderbericht USA*, Schriftenreihe Band 293/I der Bundeszentrale für politische Bildung, Bonn 1992.

- Adams, Willi Paul / Lösche, Peter (Hrsg.), *Länderbericht USA*, Schriftenreihe Band 357 der Bundeszentrale für politische Bildung, Bonn 1998.

- Ahrens, Helmut, *Reagans Amerika – Vorwärts nach gestern*, Augsburg 1982.

- Aigner, Wolfgang, *Bill Clinton*, München 1993.

- Balladur, Edouard, *Deux ans à Matignon*, Paris 1995.

- Bierling, Stephan G., *Die amerikanische Wirtschaft unter Bill Clinton*, in: Aus Politik und Zeitgeschichte B 43/96, S. 35-43.

- Brigouleix, Bernard, *Histoire indiscrète des années Balladur*, Paris 1995.

- Campbell, Colin / Rockman, Bert A. (Hrsg.), *The Clinton Presidency*, Chatham / N.J. 1996.

- Chomsky, Noam, *Clintons Vision – ‚Freier Markt' und Abschottung*, Grafenau 1994.

- Drew, Elizabeth, *On the edge. The Clinton Presidency*, New York 1995.

- Drew, Elizabeth, *Showdown. The struggle between the Gingrich Congress and the Clinton White House*, New York 1996.

- Heideking, Jürgen, *Geschichte der USA*, Tübingen/Basel 1996.

- Kaiser, Karl / Schwarz, Hans-Peter (Hrsg.), *Die neue Weltpolitik*, Schriftenreihe Band 334 der Bundeszentrale für politische Bildung, Bonn 1995.

- Klages, Wolfgang, *Staat auf Sparkurs – Die erfolgreiche Sanierung des US-Haushalts (1981-1997)*, Frankfurt/Main 1998.

- Paulsen, Thomas, *Economic Diplomacy. Die Ökonomisierung der amerikanischen Außenpolitik unter Präsident Clinton 1993-1996*, Opladen 1999.

- Reich, Robert, *Goodbye Mr. President. Aus dem Tagebuch eines Clinton-Ministers*, München 1998.

- Renshon, Stanley A. (Hrsg.), *The Clinton Presidency. Campaigning, Governing, and the Psychology of Leadership*, Boulder/San Francisco/Oxford 1995.

- Sautter, Udo, *Lexikon der amerikanischen Geschichte*, München 1997.

- Thunert, Martin, *Regieren als permanente Kampagne. Stil, Strategien und Inhalte der amerikanischen Innenpolitik unter Präsident Clinton*, in: Aus Politik und Zeitgeschichte B 43/96, S. 14-24.

- Weidemann, Kurt (Hrsg.), *Alfred Herrhausen: Denken_Ordnen_Gestalten*, Stuttgart 1990.

- Woodward, Bob, *The Agenda. Inside the Clinton White House*, New York 1995.

Abkürzungen

bzw.	beziehungsweise
D.C.	District of Columbia
d.h.	das heißt
ebd.	ebenda
f. / ff.	die folgende(n) Seite(n)
Hrsg.	Herausgeber
s.	siehe
u.a.	unter anderem
US	United States
v.a.	vor allem
z.B.	zum Beispiel

Anhang 1: Das Wirtschaftsteam Präsident Clintons

1. *Die* Secretaries of the Treasury *(US-Finanzminister):*

Lloyd Bentsen	1993 – 1994
Robert Rubin	1995 – 1999
Lawrence Summers	1999 – 2001

2. *Die* Secretaries of Commerce *(US-Handelsminister):*

Ronald Brown	1993 – 1996
Michael Kantor	1996 – 1997
William Daley	1997 – 2000
Norman Y. Mineta	2000 – 2001

3. *Die* Secretaries of Labor *(US-Arbeitsminister):*

Robert Reich	1993 – 1997
Alexis Herman	1997 – 2001

4. *Die* National Economic Advisers *(Nationale Wirtschaftsberater):*

Robert Rubin	1993 – 1995
Laura d'Andrea Tyson	1995 – 1997
Gene Sperling	1997 – 2001

5. *Die* Directors of the Office of Management and Budget *(Vorsitzende des Haushaltsbüros des Präsidenten):*

Leon Panetta	1993 – 1994
Alice Rivlin	1994 – 1996
Franklin D. Raines	1996 – 1998
Jacob J. Lew	1998 – 2001

6. Die Chairmen of the Council of Economic Advisers (Vorsitzende des Wirtschaftsrates):

Laura d'Andrea Tyson   1993 – 1995

Joseph E. Stiglitz   1995 – 1997

Janet L. Yellen   1997 – 1999

Martin N. Bailey   1999 – 2001

Quelle: Frankfurter Allgemeine Zeitung / Internetseiten des Weißen Hauses

Anhang 2:
Die Entwickung der Arbeitslosigkeit in den 50 Bundesstaaten und im District of Columbia von 1992 bis 1999

Bundesstaat	Arbeitslosenquote 1992	Arbeitslosenquote Oktober 1999	Veränderung
Alabama	7,4 %	4,4 %	- 3,0 %
Alaska	9,2 %	5,7 %	- 3,5 %
Arizona	7,6 %	4,0 %	- 3,6 %
Arkansas	7,3 %	4,2 %	- 3,1 %
California	9,3 %	4,8 %	- 4,5 %
Colorado	6,0 %	3,0 %	- 3,0 %
Connecticut	7,6 %	3,0 %	- 4,6 %
Delaware	5,3 %	3,2 %	- 2,1 %
D.C.	8,6 %	5,9 %	- 2,7 %
Florida	8,3 %	3,9 %	- 4,4 %
Georgia	7,0 %	3,6 %	- 3,4 %
Hawaii	4,6 %	5,3 %	+ 0,7 %
Idaho	6,5 %	5,1 %	- 1,4 %
Illinois	7,6 %	4,3 %	- 3,3 %
Indiana	6,6 %	2,7 %	- 3,9 %
Iowa	4,7 %	2,2 %	- 2,5 %
Kansas	4,3 %	3,2 %	- 1,1 %
Kentucky	6,9 %	4,1 %	- 2,8 %
Louisiana	8,2 %	5,5 %	- 2,7 %
Maine	7,2 %	3,9 %	- 3,3 %

Maryland	6,7 %	3,4 %	- 3,3 %
Massachusetts	8,6 %	3,2 %	- 5,4 %
Michigan	8,9%	3,7 %	- 5,2 %
Minnesota	5,2 %	2,2 %	- 3,0 %
Mississippi	8,2 %	5,2 %	- 3,0 %
Missouri	5,7 %	2,7 %	- 3,0 %
Montana	6,9 %	4,9 %	- 2,0 %
Nebraska	3,0 %	2,5 %	- 0,5 %
Nevada	6,7 %	4,4 %	- 2,3 %
New Hampshire	7,5 %	2,5 %	- 5,0 %
New Jersey	8,5 %	4,5 %	- 4,0 %
New Mexico	7,0 %	6,0 %	- 1,0 %
New York	8,6 %	5,2 %	- 3,4 %
North Carolina	6,0 %	3,2 %	- 2,8 %
North Dakota	5,1 %	2,8 %	- 2,3 %
Ohio	7,3 %	4,2 %	- 3,1 %
Oklahoma	5,7 %	3,1 %	- 2,6 %
Oregon	7,6 %	5,5 %	- 2,1 %
Pennsylvania	7,6 %	4,2 %	- 3,4 %
Rhode Island	9,0 %	3,7 %	- 5,3 %
South Carolina	6,3 %	4,4 %	- 1,9 %
South Dakota	3,2 %	2,7 %	- 0,5 %
Tennessee	6,4 %	3,6 %	- 2,8 %
Texas	7,7 %	4,6 %	- 3,1 %
Utah	5,0 %	3,4 %	- 1,6 %
Vermont	6,7 %	2,9 %	- 3,8 %

Virginia	6,4 %	2,8 %	- 3,6 %
Washington	7,6 %	4,8 %	- 2,8 %
West Virginia	11,4 %	6,7 %	- 4,7 %
Wisconsin	5,2 %	2,8 %	- 2,4 %
Wyoming	5,7 %	4,6 %	- 1,1 %
Total	7,5 %	4,1 %	- 3,4 %

Quelle:
http://www.pub.whitehouse.gov/uri...oma.eop.gov.us/1999/12/7/3.text.1

Anhang 3: Arbeitslosigkeitskurve

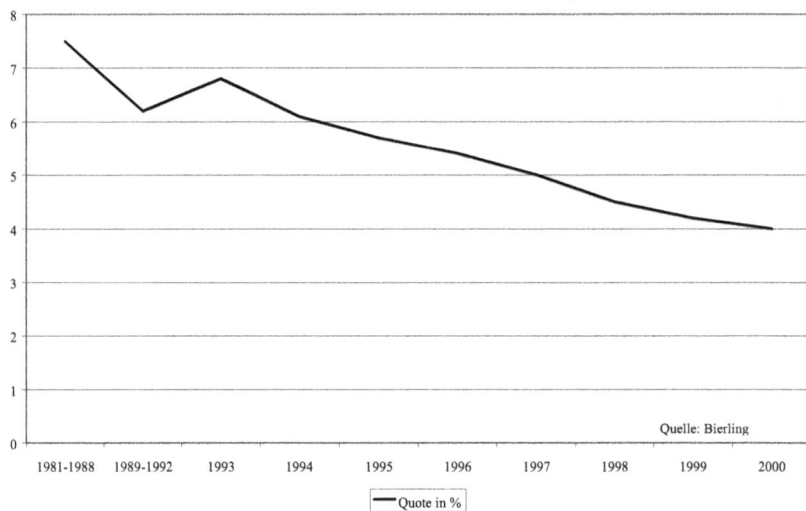

Quelle: Bierling

| 1981-1988 | 1989-1992 | 1993 | 1994 | 1995 | 1996 | 1997 | 1998 | 1999 | 2000 |

Quote in %

126

Anhang 4: Staatsdefizit und Haushaltsüberschuss

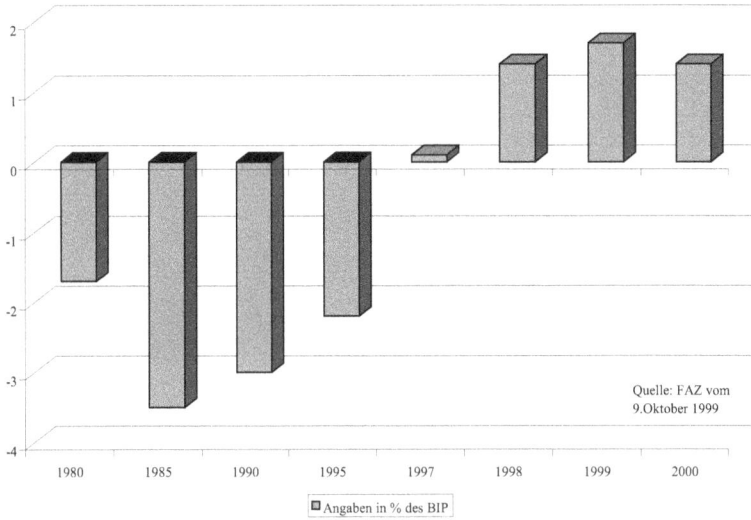

Quelle: FAZ vom
9.Oktober 1999

Angaben in % des BIP

127